동영상 강의로 쉽게 배우는

친절한 냅킨아트 DIY

동영상 강의로 쉽게 배우는
친절한 냅킨 아트 DIY

2015년 2월 10일 초판 1쇄 인쇄
2019년 1월 20일 초판 3쇄 발행

지은이	김향숙
감수	김해영
펴낸이	정상석
기획·편집	김은주, 윤보라
편집 디자인	앤미디어
표지 디자인	이지선
과정 사진 촬영	박소연
작품 사진 촬영	이성우(G1-studio)
스타일링	이규엽
동영상 촬영 및 편집	어린이TV

펴낸 곳	터닝포인트(www.diytp.com)
등록번호	2005. 2. 17 제6-738호
주소	(03991) 서울시 마포구 동교로27길 53 지남빌딩 503호
대표전화	(02)332-7646
팩스	(02)3142-7646
ISBN	978-89-94158-63-1 13630
정가	19,800원

촬영 협찬	파스텔크래프트(http://pastelclay.com)
	작업벌레공방(http://cafe.naver.com/napkins)

내용 문의	네이버 행복한 취미생활 DIY 카페(http://cafe.naver.com/diytp)
원고 집필 문의	diamat@naver.com

(터닝포인트는 삶에 긍정적 변화를 가져오는 좋은 원고를 환영합니다.)

친절한
DIY
교과서
No. 023

동영상 강의로 쉽게 배우는

친절한 냅킨아트 DIY

김향숙 지음 | 김해영 감수

터닝
포인트

머리말 Preface

냅킨 아트는 그림에 소질이 없어도 마음에 드는 냅킨을 붙여 멋진 작품을 만들 수 있습니다. 여기에 학창 시절 배웠던 몇 가지 미술 기법만 응용해도 효과가 배가되는 예술적 가능성과 기존의 물건을 재활용할 수 있는 실용성을 겸비하고 있어 매력적입니다.

공학도인 제가 지인이 냅킨 아트로 꾸민 사인보드에 매료되어 냅킨 아트를 시작한 지도 벌써 4년째입니다. 그때는 냅킨 아트가 제 생활에 이렇게 깊이 자리 잡을 줄 몰랐습니다.

냅킨 아트에 막 빠졌을 즈음, 우연히 앤티크 크랙 기법을 사용한 작품을 발견하고 흥분을 감출 수 없었습니다. '이런 기법이 있다니……!' 제 작품에도 적용하고 싶다는 생각에 그저 '크랙'이라는 키워드로 검색을 거듭하며 홀로 분투했지만 원하는 결과물을 얻을 수 없었습니다. 어렵사리 앤티크 크랙 기법의 방법을 알게 된 후, 저는 제가 알고 있는 기법을 정리하기로 결심했습니다. 그 과정에서 이왕 정리한 것, 많은 사람과 나누고 싶다는 생각이 들었습니다. 냅킨 아트를 시작하는 분들의 막연한 두려움을 없애고, 강의를 들을 수 없는 분들의 궁금증을 해소할 수 있다면 좋겠다는 마음에 출간을 결심했습니다.

이 책에 실린 기법과 제작 과정은 사진을 넣어 상세히 설명하고자 애썼지만 미흡한 점도 있으리라 생각합니다. 아무쪼록 이 책이 냅킨 아트를 시작하는 분께는 좋은 길잡이가 되고, 냅킨 아트를 이미 시작한 분께는 좋은 참고서가 되기를 바랍니다. 나아가 이 책이 또 다른 냅킨 아트 책의 마중물이 될 수 있다면 더할 나위 없을 겁니다.

새로운 일에 대해 의논할 때마다 용기를 북돋아주고, 작업으로 인해 생기는 엄마의 빈자리를 잘 채워준 남편과 잘 챙겨주지 못하는 엄마에게 늘 따뜻한 사랑을 보내

주는 아들과 딸에게 특급 사랑과 감사의 마음을 전합니다. 그리고 제 열정 하나만 믿고 출판의 문을 열어주신 터닝포인트 정상석 사장님, 과정 하나하나에 정성을 아끼지 않으신 출판 관계자 여러분, 나를 냅킨 아트의 세계로 이끌어준 주연, 제게 냅킨 아트를 가르쳐주신 이계숙 선생님, 기법에 대해 조언을 아끼지 않고 감수도 맡아주신 해영 쌤, 기쁘거나 힘들 때 언제나 호출하면 바로 달려와 힐러 역할을 해주는 순애, 그리고 같이 즐겁게 냅킨 작업을 했던 냅킨넬라 여러분께 감사드립니다.

2015년 1월, 김향숙

《친절한 냅킨 아트 DIY》
DVD 동영상 강의 활용 안내

이 책의 부록 DVD에는 냅킨 아트를 쉽고 재미있게 시작할 수 있는 저자의 동영상 강의가 담겨 있습니다. 각 메뉴의 내용과 DVD 사용 방법은 다음과 같습니다.

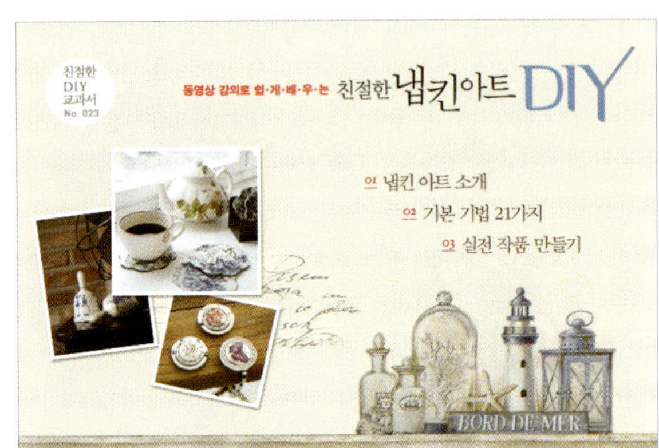

냅킨 아트 소개

냅킨 아트란 무엇인지, 작업 시 어떤 도구를 사용하는지 살펴봅니다.

기본 기법 21가지

냅킨 아트 작업에 사용하는 기본 기법 21가지를 영상으로 살펴보며 배웁니다.

실전 작품 만들기

기본 기법을 이해했다면 이를 응용하여 실제 작품을 만들어봅니다.

냅킨 아트 소개

냅킨 아트는 가구에 종이를 오려붙여 원하는 모양으로 만드는 데쿠파주(Découpage)에서 시작한 공예입니다. 그림을 그리지 못하는 사람도 멋진 그림으로 물건을 꾸밀 수 있는 냅킨 아트의 매력과 도구를 살펴봅니다.

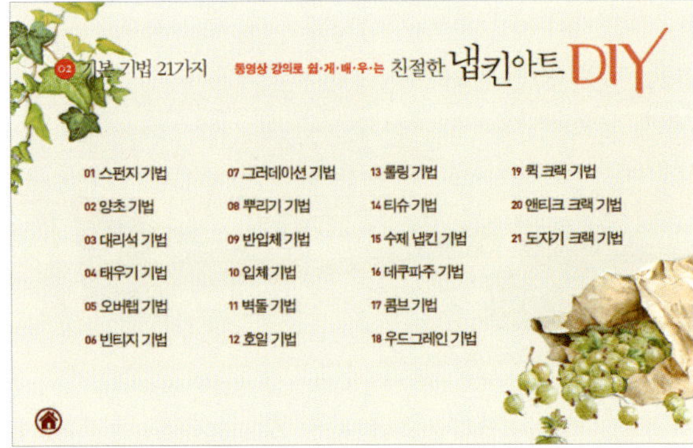

기본 기법 21가지

냅킨 아트 작업 시 활용하는 기법 21가지를 소개합니다. 물론 전부 암기할 필요는 없지만, 본격적인 작업 전 각 기법의 분위기와 흐름 정도를 훑어봐두면 작업에 도움이 됩니다. 각 기법은 본격적인 작업 전 사포 작업과 젯소 작업을 기본으로 합니다. 기법 설명은 앞서 배운 사포 작업과 젯소 작업을 미리 해두었다는 전제하에 진행합니다.

실전 작품 만들기

기본 기법을 이해했다면 이를 응용하여 실제 작품을 만들어봅니다. 기본 기법과 기본 재료로 작업하는 티슈 케이스부터 고급 기법과 부재료를 사용하는 아크릴 쟁반까지, 일상에서 사용하는 물건을 나만의 디자인으로 리폼하는 작업을 시작합니다.

TV에서 부록 DVD 사용하는 방법

컴퓨터에서는 마우스로 메뉴를 선택하지만, TV에서는 리모컨으로 메뉴를 선택할 수 있습니다. 부록 DVD를 TV용 DVD 플레이어에 넣으면 메인 페이지가 나타납니다. 리모컨의 방향 버튼으로 원하는 메뉴를 선택한 후, [ENTER(또는 확인)] 버튼을 누르면 서브 메뉴로 이동합니다.

❶ 메뉴에서 동영상 선택: 방향 버튼(←, →, ↑, ↓)으로 원하는 영상을 선택하고 [ENTER(또는 확인)] 버튼을 누름

❷ 동영상 재생 중 메뉴로 이동: [메뉴] 버튼을 누름

❸ 서브 메뉴에서 메인 메뉴로 이동: 방향 버튼(←, →, ↑, ↓)으로 서브 메뉴 화면의 [🏠] 아이콘을 선택한 후 [ENTER(또는 확인)] 버튼을 누름

❹ DVD 실행 종료: [STOP] 버튼을 누름

DVD 사용 시 주의사항

❶ PC에 DVD 재생 프로그램이 설치되어 있지 않다면 부록 DVD가 작동하지 않을 수도 있습니다. PC에서 DVD가 정상적으로 실행되지 않을 경우에는 PC에 DVD 재생 프로그램이 설치되어 있는지 확인합니다. 만약 설치되어 있지 않다면 컴퓨터 구입 시 제공되는 설치 CD나 DVD로 PC용 DVD 재생 프로그램을 설치해주세요.

❷ TV에서 사용하는 DVD 플레이어의 기종에 따라 DVD가 정상적으로 작동하지 않을 수 있습니다.

❸ DVD 재생 프로그램으로도 DVD를 읽을 수 없거나 부록 DVD를 사용하는 데 문제가 있을 경우, '행복한 취미생활 DIY 카페(http://cafe.naver.com/diytp)'로 문의하시면 해결 방법을 알려드립니다.

목차 Contents

Part 1 냅킨 아트와 도구

Part 2 냅킨 아트 기본 기법

Part 3 냅킨 아트 실전 : 초급편

Part 4 냅킨 아트 실전 : 중급편

Part 5   냅킨 아트 실전 : 고급편

이미지 목차 Image Contents

Part 1

냅킨 아트와 도구

냅킨 아트를 본격적으로 시작하기 전에
냅킨 아트란 무엇인지, 작업 시 어떤 도구를
사용하는지 간략하게 살펴보겠습니다.

01 냅킨 아트 이해하기

냅킨 아트는 어떤 공예일까요? 냅킨 아트의 시작부터 실제 작업에 관한 이야기까지 가볍게 살펴보겠습니다.

냅킨 아트의 기원은 데쿠파주(Découpage)에서 찾을 수 있습니다. 데쿠파주는 '오려내기'라는 뜻의 불어로, 신문이나 잡지, 달력 등에서 오려낸 사진이나 그림 등의 종이를 가구나 소품에 붙여 장식하는 기법을 말합니다. 이는 17세기 유럽, 동양에서 전해진 칠기가구가 유행하던 시절 이를 구입할 수 없는 예술가들이 가구에 종이를 오려붙여 원하는 모양으로 만드는 데에서 시작했으며, 본격적으로 기법을 개발한 것은 이탈리아 베네치아의 가구 장인들로 알려져 있습니다.

냅킨 아트는 데쿠파주의 주재료인 종이 그림을 식탁에서 사용하는 냅킨으로 대체하여 장식하는 공예입니다. 다양한 그림이 그려진 냅킨을 그대로 사용하거나 원하는 부분만 오려내어 나무나 천, 유리, 금속, 플라스틱 등 다양한 소재의 물건에 다양한 방법으로 붙여서 작업할 수 있기 때문에 리폼 인테리어에 손쉽게 적용할 수 있는 점을 매력으로 꼽을 수 있습니다. 또한 그림을 그리지 못하는 사람도 냅킨 아트를 이용하면 멋진 그림을 이용하여 장식할 수 있으며, 미술 전문 기법을 응용하면 독특한 느낌을 더할 수 있습니다.

냅킨 아트의 기본 재료로는 초벌제인 젯소와 아크릴 물감, 접착제, 마감제를 꼽을 수 있으며, 천 소재를 작업에 사용할 경우에는 패브릭 접착제를 사용합니다. 냅킨 아트의 작업 과정은 크게 '바탕색 칠하기→냅킨 붙이기→마감하기'의 3단계로 나눌 수 있는데 제품의 재료에 따라 과정에 가감이 있습니다.

작업할 수 있는 분야가 폭넓은 만큼 생활을 바꿔가는 즐거움을 맛볼 수 있는 냅킨 아트, 지금부터 시작해보면 어떨까요?

---

special Tip

냅킨 아트를 시작하는 데 도움이 되는 사이트

- **파스텔크래프트**(http://www.pastelclay.co.kr/)
  다양한 공예 재료 및 도구를 취급하는 쇼핑몰로, 오프라인 매장도 운영하고 있어 이용이 편리합니다. 냅킨 아트에 필요한 기본 도구 및 반제품을 구입할 수 있습니다.

- **작업벌레공방**(http://cafe.naver.com/napkins)
  냅킨 아트 재료 및 도구를 취급하는 쇼핑몰로, 흔치 않은 냅킨이 많으며 도자기 크랙 보조제를 구입할 수 있습니다. 회원들이 만든 다양한 작품도 감상할 수 있습니다.

- **헤리티지공예**(http://heritagecraft.co.kr/)
  냅킨 아트 재료 및 도구를 취급하는 쇼핑몰로, 앤틱 크랙 보조제와 데쿠파주용 그림을 구입할 수 있습니다.

- **홍익화방**(http://e-hongik.com/)
  아크릴 물감을 비롯한 다양한 미술 용품을 판매하는 쇼핑몰입니다.

- **아트센터 크라마**(http://www.crama.co.kr/)
  다양한 공예 재료 및 도구를 취급하는 쇼핑몰로, 냅킨 아트를 위한 반제품과 냅킨, 그림 페이퍼, 데쿠파주용 그림 등을 구매할 수 있습니다.

- **화인갤러리**(http://www.hwainart.com/)
  다양한 공예 재료 및 도구를 취급하는 쇼핑몰로, 오프라인 매장도 운영하고 있어 이용이 편리합니다. 냅킨 아트에 필요한 기본 도구 및 반제품을 구입할 수 있습니다.

02 냅킨 아트의 기본 도구

냅킨 아트를 시작하는 단계라면 기본 도구인 냅킨과 냅킨 글루, 젯소, 아크릴 물감, 바니시를 먼저 구비해두고 그 외의 도구는 필요할 때마다 준비하며 차츰 종류를 늘려가는 것이 좋습니다.

냅킨 접착제 및 보조제 DVD | 01-02 냅킨 접착제 및 보조제

❶ 냅킨 글루: 냅킨 아트에서 가장 중요한 재료로, 가장 널리 쓰이는 상품인 '머드퍼지'를 동의어로 사용하기도 합니다. 제품에 발라 냅킨을 붙일 때 사용하며, 접착력이 좋기 때문에 유리·금속·목재·비누 등 재질에 상관없이 사용할 수 있습니다. 건조되면 투명해지며, 종이의 황변현상을 방지할 뿐 아니라 종이를 우레탄 성질로 바꾸어주기 때문에 마감제로도 사용할 수 있습니다. 가장 자주 사용하는 재료이기 때문에 무독성 인증을 받은 제품을 선택하는 것이 좋습니다.

❷ 스파클 냅킨 글루: 반짝이 가루가 들어 있는 냅킨 글루로, 일명 '반짝이 글루'라고도 부릅니다. 바르면 반짝이가 묻어나 화려한 느낌을 연출할 수 있어 장식용 마감제로 많이 사용합니다.

❸ 패브릭 냅킨 글루: 패브릭 소재에 사용하는 전용 냅킨 글루이며, 세탁기에 넣고 돌려도 작업물이 떨어지지 않는 접착제입니다.

❹ 젯소: 바탕에 발라두고 작업하면 물감의 발색을 돕고 제품을 견고하게 하며, 물감에 섞어서 질감을 변화시킬 수도 있습니다. 냅킨 아트 작업에서는 밑작업에 주로 사용합니다.

❺ 바니시(매트, 그로스): 방수, 방염 기능이 있어 냅킨 작업 후 코팅제로 사용합니다. 종류는 광택이 없는 매트(무광), 광택이 있는 그로스(유광)의 2가지가 있습니다.

❻ 모델링 페이스트: 원하는 형체를 두껍게 만들거나 다양한 질감을 내고 입체감을 줄 수 있어, 조소 같은 작품을 만들 수 있는 제품입니다.

❼ 건조 지연제: 건조가 빠른 아크릴 물감에 적정량을 섞어 건조를 늦출 수 있는 보조제입니다. 대표적인 제품으로는 리타더 미디엄이 있습니다.

❽ 액체 유리: 일반 마감제보다 더 강력하게 코팅하고 표면에 유리 같은 광택을 주는 마감제입니다.

❾ 사포: 제품의 표면을 다듬거나 부착 후 남은 냅킨을 정리하는 데 사용합니다. 냅킨 작업에서는 일반적으로 거친 사포(80~120방), 중간 사포(180~220방), 가는 사포(물사포*, 1000방)로 나눠서 사용할 수 있습니다.
*물사포: 사포를 물에 적신 후 물기를 걷어내어 사용하는 것을 말합니다. 이렇게 사용하면 먼지가 덜 나기 때문에 작업이 수월합니다. 주로 아크릴 물감을 칠한 표면을 매끈하게 만들기 위해 사용합니다.

❿ 마스킹테이프: 붙였다 떼어도 흔적이 남지 않는 테이프입니다. 주로 물감이 묻으면 안 되는 곳에 붙여 작업한 후, 물감이 마르면 떼어내는 방법으로 사용합니다.

10
9
4
Zhenshun
1
2
3
ABRASIVE
.50
OXIDE
prsmiere plus
Artmate
GESSO
PRIMER GP500
Interior & Exterior
Easy Water Cleanup
500ml
made in U.S.A.
PLAID
CS11301
MOD
PODGE
MATTE-MAT-MATE
Waterbase sealer, glue & finish
Isolant, colle et finition à base d'eau
Sellador, cola y terminación
con base de agua
8 fl oz 236 ml
PLAID
CS11211
MOD
PODGE
SPARKLE-SCINTILLER-DESTELLO
Waterbase sealer, glue & finish
Isolant, colle et finition à base d'eau
Sellador, cola y terminación
con base de agua
8 fl oz 236 ml
PLAID
CS11218
MOD
PODGE
FABRIC-TISSU-TELA
Waterbase sealer, glue & finish
Isolant, colle et finition à base d'eau
Sellador, cola y terminación
con base de agua
8 fl oz 236 ml
친환경 바니쉬(무광)
220ml
친환경 바니쉬(유광)
220ml
5
JO SONJA'S
Retarder Medium
Delays Drying Time of Acrylic Paint
120ml
It's all about the paint.
1 to 1 Polymer Coating
1 to 1 Polymer Coating
This bottle contains 4 fl. oz.
contains 4 fl. ozs.—Kit cont
Plus
Modeling
Paste+
MP250
7
8
6

크랙제와 물감 도구 `DVD` | 01-03 크랙제와 물감 도구

❶ 퀵 크랙제: 밑색을 칠하고 퀵 크랙제를 바른 후, 마른 표면에 붓이나 스펀지를 이용해 윗색을 칠하면 밑색이 드러나며 바로 크랙이 생깁니다. 이 작업은 냅킨을 붙이기 전에 진행해야 하며, 이 과정에서 윗색으로 칠한 색이 냅킨 작업의 바탕색이 됩니다. 대표적인 제품으로는 데코 크랙 미디엄을 꼽을 수 있습니다.

❷ 앤티크 크랙제: 앤티크 크랙은 오래되어 갈라진 느낌으로 표현되기 때문에 세월의 흔적과 같은 느낌으로 연출하고 싶을 때 유용합니다. 단, 퀵 크랙제가 표면이 마른 후 바로 크랙을 나타낼 수 있는 것과 달리 앤티크 크랙제는 냅킨을 붙인 후에 진행하며 충분한 시간을 필요로 합니다. 제품별로 약간의 차이가 있으며, 이 책에서 사용하는 앤티크 크랙제는 완성까지 일주일 정도 소요됩니다.

❸ 도자기 크랙제: 크림 형태의 크랙제로 두께감이 있게 발리기 때문에 입체감 있는 크랙을 연출할 수 있습니다. 퀵 크랙제처럼 냅킨 작업 전에 사용하며, 맑은 날씨에서 건조하면 5~7시간 정도 소요됩니다.

❹ 아크릴 물감: 종이뿐 아니라 다양한 재료에 칠할 수 있으며 건조가 빠른 물감입니다. 물을 섞어 사용하지만 굳은 뒤에는 물에 녹지 않는 성질을 가지고 있습니다.

❺ 붓: 붓의 크기는 작업 면적에 맞춰 선택합니다. 바탕에 아크릴 물감을 칠하거나 작업면에 바니시 등의 마감제를 칠할 때처럼 주로 넓은 면에는 일명 빽붓이라 부르는 배경붓을 사용합니다. 그 외 좁은 면이나 섬세한 표현이 필요한 부분에는 적절한 크기의 평붓을 선택해서 사용합니다. 붓은 관리가 굉장히 중요하므로 물감이나 바니시 등을 사용한 후에는 즉시 깨끗하게 세척하고 물기를 빼 말립니다.

❻ 스펀지: 바탕을 칠하거나 연장 채색 시 사용하며 일반 스펀지와 해면 스펀지가 있습니다. 스펀지 종류에 따라 느낌이 달라지는데, 해면 스펀지는 일반 스펀지에 비해 물감 찍히는 질감이 좀 더 고급스러운 느낌이 납니다. 스펀지를 사용한 후 물감이 마르기 전에 세척해두면 오래 사용할 수 있습니다.

❼ 스텐실 붓: 스텐실은 다양한 소재의 판에 글자나 그림 등의 모양을 오려낸 후, 그 구멍에 물감을 넣어 모양대로 찍어내는 기법입니다. 스텐실에는 스텐실 붓을 사용하며, 냅킨 아트 작업 중에도 스텐실 기법을 이용하여 글씨나 그림을 찍어내기도 합니다.

6
4
7
3
543
COBALT BLUE
630
PERMANENT GREEN
660
BLACK
617
CARMINE
604
PERMANENT YELLOW
600
TITANIUM WHITE
크랙베이스 50ml
도자기크랙(화이트)
용량 : 200ml
JO SONJA'S
Décor Crackle
Cracks Paint to Show Base Colour
CHROMA
It's all about the paint.
Magic Touch
PU-7
VARNISH
GENERAL PURPOSE
SOLVENT BASED VARNISH
Heritage
Antique
Crackle
MEDIUM CRACK
Heritage
Antique
Crackle
Top Coat
Plus
Turpentine
T270
for oil painting
1
2
5

03 냅킨 아트의 기본 작업 과정

냅킨 아트의 작업 과정은 크게 반제품 또는 리폼할 제품에 작업할 준비를 하는 밑작업(사포 작업 및 젯소 작업), 물감을 칠하고 냅킨을 붙이는 본격적인 냅킨 작업, 제품을 실생활에서 사용할 수 있도록 처리하는 마무리 작업으로 구분할 수 있습니다.

사포 작업	젯소 작업	물감 작업	냅킨 작업	마무리 작업
제품의 표면을 매끄럽게 다듬는 과정	제품 표면에 물감이 잘 발리도록 하는 과정	냅킨 부착 전, 제품에 바탕색을 입히는 과정	냅킨을 제품에 부착하는 과정	작품에 방염·방수 처리를 하는 과정

사포 작업

1 목제 반제품인 경우, 거친 표면을 사포로 밀어 부드럽게 다듬습니다. 사포질은 한 방향으로만 하는 것이 좋고, 낮은 방으로 시작해서 높은 방으로 마무리하는 것이 기본입니다. 목재가 아닌 경우에는 물티슈 등으로 표면을 닦아내 깨끗이 정리합니다.

Tip

사포의 밀집도를 나타내는 '방(Grit)'은 숫자로 나타내며, 숫자가 낮을수록 입자가 굵어 작업 시 표면이 거칠어지고 반대로 숫자가 높을수록 입자가 작아 작업 시 표면이 고와집니다. 목재 소재에 밑작업을 할 경우에는 주로 80~300방 사이로 선택하되, 물감 작업 시에는 300방 이상의 사포, 물사포 작업 시에는 600방 이상을 선택합니다. 사포는 자주 사용하는 2~3가지 정도만 구비하면 충분합니다.

Tip

사포의 종류에는 종이 사포, 천 사포, 필름 사포, 스펀지 사포 등이 있습니다. 종이 사포보다는 내구성이 좋은 천 사포를 추천하며, 나뭇조각 등에 말아서 사용하면 작업이 수월합니다. 사포 작업 시에는 열이 많이 나므로 반드시 면장갑을 끼도록 합니다.

2 사포질이 끝나면 사포로 다듬는 과정에서 생긴 먼지나 찌꺼기는 붓이나 솔로 깨끗
   하게 털어냅니다.

젯소 작업

3 제품 표면에 아크릴 물감이 잘 발리도록 젯소를 1~2회 칠합니다. 젯소의 농도에
   따라 물을 약간씩 섞어서 사용합니다.

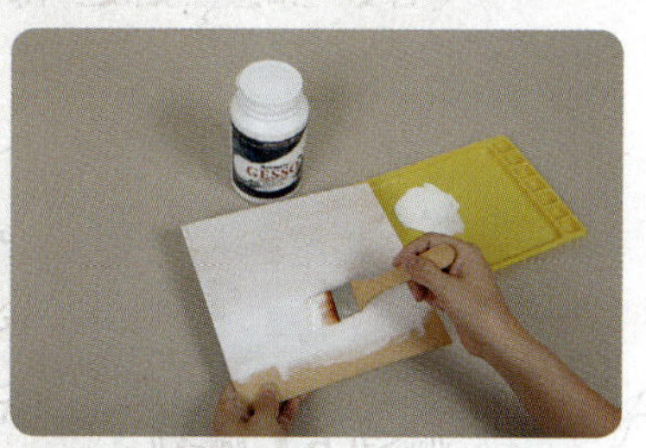

4 젯소를 1회 칠하고 잘 말린 후, 220~1000방의 사포를 하나 선택해서 물사포
   (20쪽 '사포' 항목 참조)로 만들어 울퉁불퉁한 표면에 사포질을 합니다.

Tip

물감을 칠하고 잘 건조시킨 다음 사포 작업을 하면 붓질 표시가 나지 않아 매끈한 표면을
기대할 수 있습니다.

물감 작업

5 선택한 냅킨에 따라 바탕색으로 사용할 색상을 고른 후, 아크릴 물감을 1~2회 칠
   합니다. 젯소와 마찬가지로 1회 칠하고 충분히 잘 말린 후, 물사포로 밀어 표면을
   깨끗하고 고르게 다듬습니다.

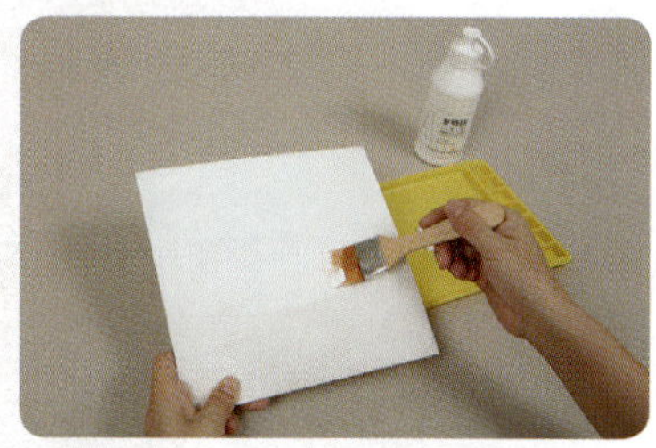

냅킨 작업

6 냅킨을 붙일 곳에 냅킨 글루를 바릅니다.

7 냅킨은 원하는 부분만 오려내 사용하거나 전장(全長, 냅킨 전체)을 그대로 사용할
수 있습니다. 여기에서는 전장을 붙여보겠습니다.

Tip

냅킨을 붙일 때에는 냅킨 글루를 조금씩 발라 표면을 물티슈로 살살 눌러가면서 작업합니
다. 물티슈 외에 스펀지나 마른 수건 등을 사용해도 되지만, 세게 눌러 냅킨을 밀어낼 경우
냅킨이 다 떨어져버릴 수 있으므로 조심스럽게 작업해야 합니다.

8 냅킨을 다 붙인 후에는 드라이어로 완전히 말립니다. 제품의 가장자리에 남은 냅
킨은 100방 이상의 사포로 끝을 살살 밀면 깨끗하게 정리됩니다.

Tip

사포를 사용하기 어려운 경우에는 잘 말린 후, 필요 없는 부분에 물을 묻혀 살살 뜯어
냅니다.

마무리 작업

9 남아 있던 냅킨 정리까지 마무리되면 마감제를 바릅니다. 대표적인 마감제로는 바
니시가 있으며, 유광 바니시와 무광 바니시 중 용도 및 선호도에 따라 선택하여 사
용합니다. 바니시는 두껍게 칠하는 것보다 얇게 바르고 말리면서 2~3회 덧칠하
는 것이 좋습니다.

10 바니시는 제품에 따라 끈적임이 많을 수도 있습니다. 또한 바니시를 칠한 후 충분
히 말리지 않고 덧칠할 경우에 끈적임이 심해질 수 있습니다. 그럴 경우, 중화제
를 1~2회 발라 끈적임을 없애서 완성합니다.

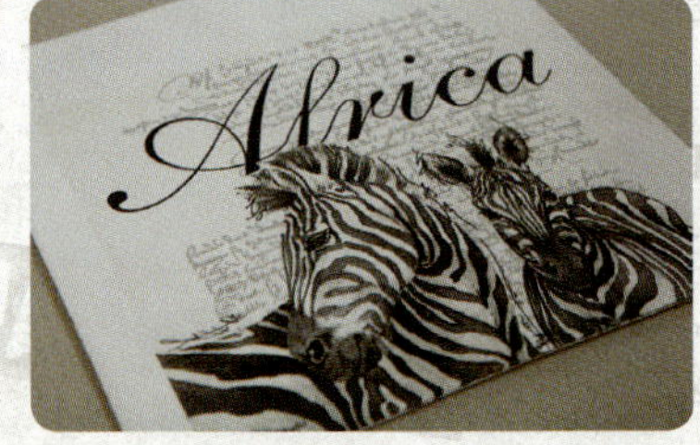

냅킨 사용 방법 자세히 살펴보기

냅킨은 3겹으로 구성되지만, 냅킨 아트에서는 주로 그림이 있는 맨 앞장만 사용합니다. 그림이 없는 뒷장은 원하는 그림이나 일러스트를 인쇄하여 수제 냅킨으로 사용할 수 있습니다.

1 | 냅킨을 오려서 사용하는 경우

❶ 냅킨을 분리하지 않은 상태에서 그림에 가위를 바짝 대고 오립니다. 오려낸 냅킨은 제품에 구상한 대로 배치해서 사용합니다.

Tip

냅킨을 오릴 때 맨 마지막 장은 수제냅킨으로 활용할 수 있도록 떼어내고, 2겹인 상태에서 냅킨을 오리거나 잘라내면 .훨씬 수월하게 자를 수 있습니다.

Tip

제품의 바탕색과 냅킨의 바탕색이 흰색 혹은 거의 비슷한 색이라면 손으로 찢어서 사용할 수도 있습니다. 우선 붓에 소량의 물을 묻혀 털어낸 후, 3겹 상태나 2겹 상태에서 냅킨 그림 주위에 물을 발라 손으로 찢으면 자연스럽게 그림을 찢어낼 수 있습니다.

2 | 냅킨 전장을 사용하는 경우

❶ 냅킨 한쪽 모서리를 먼저 고정하기 위해 냅킨 글루를 제품 모서리에 조금씩 바릅니다.

❷ 냅킨 글루를 바른 위치에 맞춰 냅킨을 덮고, 표면을 물티슈로 살짝살짝 눌러가며 붙입니다.

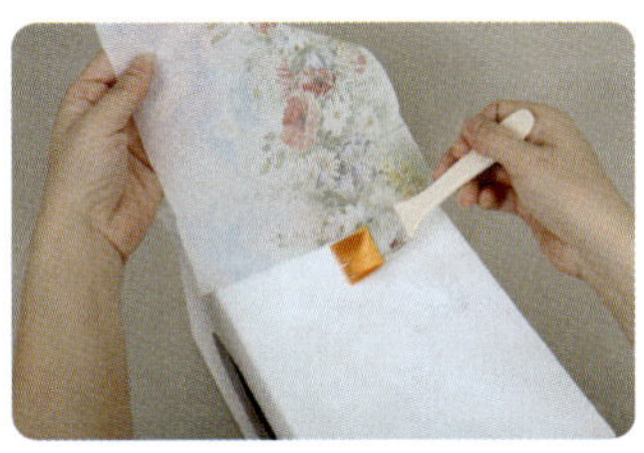

❸ 냅킨이 고정되면 제품을 편한 방향으로 바꿔 냅킨 글루를 조금씩 칠합니다. ②와 ③의 과정을 반복하면서 냅킨을 붙여갑니다.

Tip

냅킨 전장을 붙일 경우에는 주름지기 쉬우므로 조심스럽게 작업해야 합니다. 연습을 하다보면 요령이 생겨서 어렵지 않게 작업할 수 있습니다.

Part 2
냅킨 아트
기본 기법
냅킨 아트 작업 시 활용하는 기법 21가지를
소개합니다. 각 기법은 사포 작업과
젯소 작업을 해두었다는 전제하에
진행합니다.

01 스펀지 기법 DVD | 02-01 스펀지 기법

냅킨의 크기보다 큰 범위를 작업하거나 냅킨을 붙여 생긴 경계를 없앨 때, 냅킨 색상에 맞춘
바탕색을 칠해 배경을 연장하는 기법입니다. 그래서 연장 채색 기법이라고도 합니다.

01 제품에 흰색 혹은 밝은 색상의 아크
릴 물감을 칠합니다.

02 원하는 냅킨을 붙입니다. 아크릴 물
감으로 냅킨 색과 가까운 색을 만든 후,
위쪽 빈 공간에 스펀지로 터치하여 바탕
색을 칠합니다.

03 경계에 어울리는 색을 선택하여 냅
킨과 바탕의 경계를 스펀지로 터치하여
없앱니다.

04 완성된 모습입니다.

02 양초 기법 DVD | 02-02 양초 기법

제품에 세월의 흔적을 표현하기 위한 빈티지 기법의 하나로, 2가지 색의 아크릴 물감과 양초를
이용한 기법입니다.

01 제품의 바탕에 첫 번째 아크릴 물감
을 1~2회 칠합니다. 이 첫 번째 물감을
하도제라고 하며 2가지 아크릴 물감 중
아래에 바르는 밑색(Under Coat Color)을
말합니다. 냅킨 아트에서는 하도제를 주
로 어두운 색상을 선택합니다.

02 하도제를 잘 발라 말린 후, 양초를
제품 전면에 한 방향을 유지하며 골고루
문지릅니다.

03 제품 표면에 떨어진 양초 찌꺼기를
솔이나 붓으로 잘 털어냅니다.

04 양초칠이 되어 있는 바탕에 두 번째
아크릴 물감을 칠합니다. 이 두 번째 물
감을 상도제라고 하며 2가지 아크릴 물감
중 위에 바르는 윗색(Top Coat Color)을
말합니다. 바로 위에 냅킨을 붙여야 하기
때문에 주로 밝은 색상을 선택합니다.

05 상도제를 잘 발라 말린 후, 사포로 벗
겨내고자 하는 부분을 살살 문지릅니다.

Tip

제품의 재질에 따라 사포 입도수와 문
지르는 강도를 다르게 합니다. 예를 들
면, 제품의 재질이 틴이나 유리인 경우
는 입도수가 고운 사포로 조심스럽게
벗겨냅니다.

Tip

벗겨내고자 하는 부분과 모서리 부분에
양초를 많이 문지르면 밑색 보호가 잘
됩니다.

06 의도한 위치 전체의 사포 작업이 끝
나면 표면을 솔이나 붓으로 털어내고 완
성합니다.

03 대리석 기법 DVD | 02-03 대리석 기법

호일을 태운 그을음으로 제품에 대리석 무늬를 만드는 기법입니다. 호일 이외의 쇠붙이를 사용해도 되지만, 가위처럼 실제 사용하는 물건은 그을음이 묻어 못 쓰게 될 수도 있으니 피하는 것이 좋습니다.

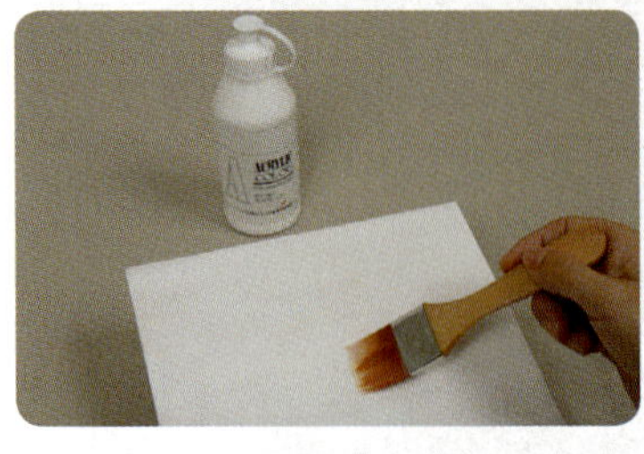

01 제품의 바탕에 밝은 색의 아크릴 물감을 칠합니다. 너무 어두운 색은 대리석 무늬 표현이 잘 안 되므로 주의합니다.

02 양초에 불을 붙입니다.

03 호일을 촛불에 가까이 대면 그을음이 나기 시작합니다. 제품에 그을음이 묻어나도록 움직여 자연스런 대리석 무늬가 만들어지도록 합니다.

04 만들어진 대리석 무늬를 고착하기 위해 냅킨 글루로 실링합니다.

Tip

제품의 내구성을 높이기 위해 표면을 커버링하는 과정을 실링이라고 합니다. 한번 만들어진 그을음 무늬는 잘 지워지지 않으므로 실링 과정은 생략해도 무방합니다.

05 완성된 모습입니다.

04 태우기 기법 DVD | 02-04 태우기 기법

향을 이용해 오려낸 냅킨을 태워 빈티지한 느낌을 만드는 기법입니다. 단독으로 사용하기도 하지만 오버랩 기법과 병행하여 사용하면 효과가 더 큽니다.

01 냅킨에서 원하는 부분을 크게 오려 냅니다.

02 오려낸 냅킨을 그림 모양에 가깝게 가장자리에 여유를 두고 다듬습니다.

03 향에 불을 붙입니다.

04 냅킨 가장자리를 원하는 크기만큼 향에 태웁니다. 이렇게 하면 태운 자국이 남아 빈티지한 느낌으로 연출할 수 있습니다.

05 완성된 모습입니다.

05 오버랩 기법 　DVD | 02-05 오버랩 기법

냅킨 위에 또 다른 냅킨을 붙이는 기법입니다. 일반적으로 배경이 옅은 냅킨을 바탕 전체에 붙이고 그 위에 포인트를 주고 싶은 냅킨이나 그에 어울리는 냅킨을 오려붙이는 기법입니다.

01 제품에 바탕색으로 흰색을 칠합니다. 색상은 단색은 물론, 여러 가지 색상을 사용해도 좋습니다.

02 연한 색 냅킨을 붙이고 잘 말립니다.

03 02에서 붙인 냅킨 위에 또 다른 냅킨을 오려서 붙입니다.

Tip

태우기 기법을 이용해서 만든 냅킨을 이 과정에 활용하면 더 멋지게 연출할 수 있습니다.

04 완성된 모습입니다.

06 빈티지 기법 DVD | 02-06 빈티지 기법

단색 혹은 여러 가지 색의 물감을 이용해서 오래되고 낡은 느낌을 내는 기법입니다.

단색으로 표현하는 방법

01 제품에 짙은 색의 아크릴 물감을 바탕색으로 칠하고 잘 말립니다.

02 마른 붓에 물을 넣지 않은 흰색 아크릴 물감을 묻힌 후, 제품의 중간 부분에서 바깥을 향하여 거칠게 터치합니다.

03 완성된 모습입니다.

여러 가지 색으로 표현하는 방법

01 냅킨에 포함된 색상 2~3가지를 선택해서 팔레트에 나란히 짭니다. 거친 붓끝에 물감을 묻힌 후, 티슈에 조금씩 닦아가면서 바탕색을 칠한 제품에 터치합니다.

02 다른 색을 칠할 때도 앞에서 사용하던 그 붓 그대로, 물 안 묻힌 상태로 반복해서 터치합니다.

03 완성된 모습입니다.

07 그러데이션 기법  DVD | 02-07 그러데이션 기법

명도나 색상, 혹은 채도의 변화에 따라 변화해가는 농도의 단계를 바탕에 만드는 기법입니다.
밝은 부분에서 어두운 부분으로, 혹은 어두운 부분에서 밝은 부분으로 변화해가는 단계를 표현
할 수 있습니다.

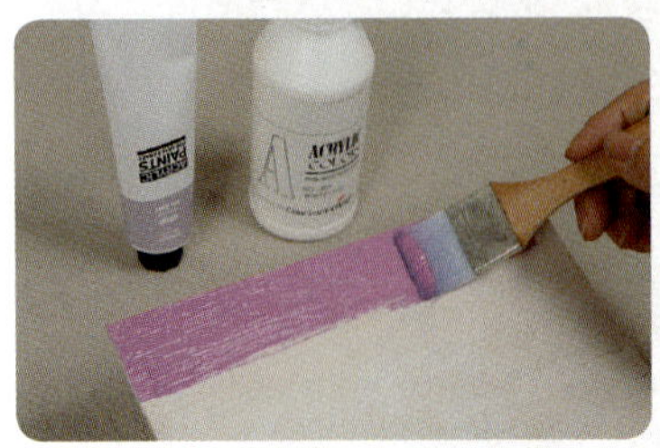

01 냅킨에 포함된 색상 하나를 선택해서 맨 아랫부분 혹은 맨 윗부분에 진하게 칠합니다.

02 처음 칠한 색상에 흰색을 약간 섞어 조금 더 연한 색을 만든 후, 처음 칠한 부분에 약간 겹치도록 칠하고, 경계 부분을 덧칠하여 없앱니다.

03 앞서 작업한 대로 직전에 칠한 색상에 흰색을 섞어 색의 농도를 낮춘 후, 그 아래에 연속하여 칠합니다.

04 완성된 모습입니다.

08 뿌리기 기법 DVD | 02-08 뿌리기 기법

물감을 솔에 묻힌 후 손으로 튕겨 바탕에 흩뿌리는 기법으로, 1~2가지 색상 혹은 그 이상의 색상을 사용할 수 있습니다. 심심한 바탕에 화려함을 더하거나 흔적 등을 가려야 할 때 효과적입니다.

01 제품에 바탕색을 칠합니다.

02 냅킨에 포함된 색상 중 선호하는 색상을 골라 칫솔이나 솔에 묻혀 손으로 튕겨 물감을 제품에 흩뿌립니다. 여기서는 3가지 색상으로 작업해보겠습니다. 우선 노란색 아크릴 물감을 칫솔에 묻혀 튕깁니다.

Tip

균일한 정도로 흩뿌려지길 원한다면 칫솔에 물감을 묻히자마자 바로 작업하지 말고, 휴지나 신문지 등에 묻힌 물감을 한 번 흩뿌린 후 작업하는 것이 좋습니다.

03 같은 방법으로 노란색 바탕 위에 빨간색 아크릴 물감을 덧뿌립니다.

04 마지막으로 파란색 아크릴 물감을 덧뿌립니다.

05 완성된 모습입니다.

Tip

뿌리기 도구로 그물망 등을 이용해도 됩니다.

09 반입체 기법

냅킨 그림의 원하는 부분에 클레이를 붙여서 다른 그림에 비해 돌출되도록 하는 기법으로, 조각 기법의 부조와 비슷합니다. 입체감의 정도는 클레이양으로 조절할 수 있습니다.

01 제품에 바탕색을 칠합니다.

02 냅킨에서 작업할 부분만 오려냅니다. 오려낸 그림에서 포인트가 될 만한 위치를 골라 그 뒷면에 클레이를 붙입니다.

03 원하는 입체감의 정도에 따라 클레이양을 70~90% 정도로 조절합니다.

04 작업을 마친 냅킨은 냅킨 글루로 원하는 위치에 붙입니다.

05 냅킨 붙이는 과정은 일반 냅킨 붙일 때처럼 물티슈로 살짝살짝 눌러가며 작업합니다.

10 입체 기법 `DVD` | 02-10 입체 기법

하나씩 오려낸 냅킨 그림에 클레이를 붙여 입체적으로 재조립하는 기법입니다. 입체 기법은 주
로 꽃이나 나비 등을 작업합니다.

01 입체 기법을 적용할 냅킨 그림을 가
위로 오려냅니다.

02 오려낸 부분의 중앙에 흰색 클레이
를 붙입니다.

03 손으로 클레이를 밀어서 얇고 평평
하게 붙입니다. 냅킨 가장자리에 여유를
두고, 냅킨이 찢어지지 않도록 주의하여
작업합니다.

04 냅킨 그림대로 모양을 잡아 입체감
을 준 후, 냅킨 글루를 1회 칠해서 실링합
니다.

05 클레이가 완전히 마르기 전에 냅킨
을 원하는 위치에 냅킨 글루로 붙입니다.

Tip

클레이가 완전히 다 마른 후 글루건이
나 목재용 접착제로 붙여도 됩니다.

06 냅킨을 원하는 모양으로 붙이고 난
후, 냅킨 글루로 실링합니다.

07 완성된 모습입니다.

// 벽돌 기법 DVD | 02-11 벽돌 기법

모델링 페이스트로 벽돌 무늬를 만드는 기법입니다. 모델링 페이스트의 양에 따라 다양한 질감
을 표현할 수 있고, 건조된 후 채색하면 더욱 실제 벽돌에 가까운 모양을 낼 수 있습니다.

01 바탕색을 칠한 제품에 마스킹테이프를 그물 모양으로 붙입니다. 원하는 벽돌의 크기에 따라 마스킹테이프의 너비를 조절합니다.

02 물감 나이프로 모델링 페이스트를 약간 도톰하게 바릅니다. 모델링 페이스트의 양은 원하는 벽돌의 두께에 따라 조절합니다. 단, 수분이 날아가 처음보다 두께가 얇아지는 점을 감안하여 작업합니다.

03 모델링 페이스트를 바를 때 표면을 거칠게 두면 자연스런 벽돌 무늬를 만들 수 있고, 표면을 매끈하게 정돈하면 반듯한 벽돌 무늬를 만들 수 있습니다. 다 발리면 모델링 페이스트의 두께와 날씨에 따라 3~5일 정도 자연 건조로 충분히 말립니다.

 **Tip**

모델링 페이스트를 드라이어로 말리면 겉은 마르지만 속은 마르지 않을 수도 있기 때문에 자연 건조로 충분한 시간을 가지는 것이 좋습니다.

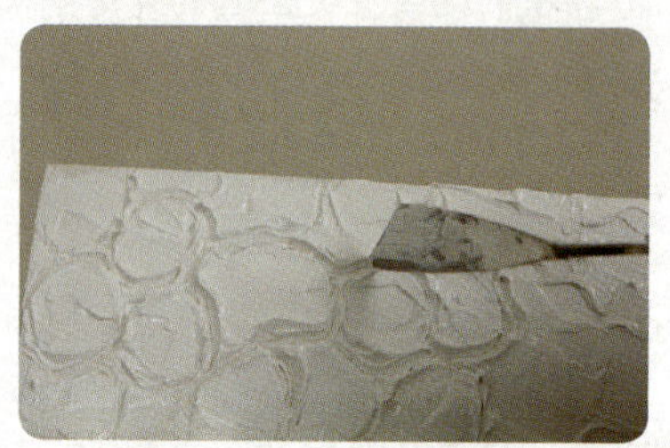

04 냅킨에 따라 벽돌에 원하는 색상을 칠해도 좋습니다. 제품에 모델링 페이스트를 발라 물감 나이프나 나무스틱으로 둥근 형태의 돌 모양을 만들어도 됩니다.

05 모델링 페이스트가 잘 말랐다면 붙여두었던 마스킹테이프를 떼어냅니다. 완전히 건조된 모델링 페이스트는 사포로 표면의 날카로운 부분을 갈아낸 후, 솔로 잘 털어냅니다.

 **Tip**

깨끗하게 떨어지지 않을 경우 칼집을 넣어서 뜯어내면 쉽게 떨어집니다.

06 완성된 모습입니다.

12 호일 기법

호일의 구김을 이용해 제품 바탕에 특수한 무늬를 만드는 기법입니다. 구긴 호일을 제품에 붙인 후, 원하는 색의 물감을 칠해 작업합니다.

01 호일을 제품 크기보다 조금 더 크게 준비합니다.

02 호일을 적당히 구깁니다.

Tip
호일을 꽉 쥐면 구김이 많아 잔잔한 표면이 만들어지고 호일을 느슨하게 쥐면 구김이 적어 거친 표면이 만들어지므로 선호하는 쪽을 선택합니다.

03 뭉쳐서 구긴 호일을 찢어지지 않게 잘 폅니다.

04 제품과 호일에 냅킨 글루를 바릅니다.

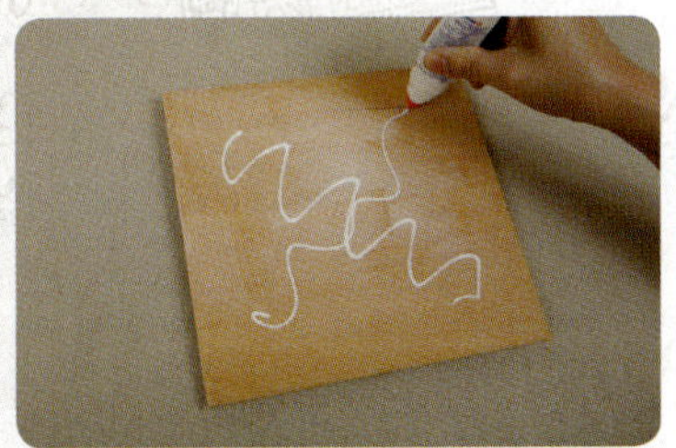

05 냅킨 글루로도 충분히 잘 붙지만 접착력이 걱정되는 경우에는 목공용 접착제를 함께 사용하면 됩니다.

Tip
접착 면적이 넓을 경우, 냅킨 글루에 더해 중간중간 목공용 접착제를 바르면 접착력이 더 좋아집니다. 또한 호일을 누르면서 붙이기 때문에 입체감을 살려 큰 구김을 만들고 싶을 때에도 중간중간에 목공용 접착제를 바르면 입체감을 살릴 수 있습니다.

06 원하는 곳에 호일의 위치를 잡고 가장자리를 꼭꼭 눌러서 매끈하게 붙입니다. 중간 부분은 입체감이 사라지지 않게 조심해서 누르면 시간이 지나면서 접착됩니다.

07 호일이 제품에 잘 붙도록 말립니다.

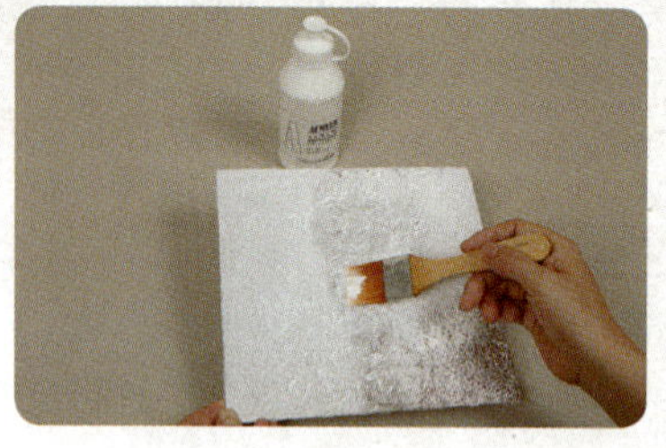

08 선택한 냅킨에 어울리는 바탕색을 칠합니다.

09 독특한 질감의 바탕이 완성된 모습입니다.

13 롤링 기법 DVD | 02-13 롤링 기법

아크릴 물감에 건조 지연제를 섞어 칠한 바탕에 물티슈를 꼬아 굴려 무늬를 만드는 기법입니다.

01 제품에 냅킨과 어울리는 바탕색을 칠합니다. 롤링 기법은 표면이 매끄러워야 롤링이 잘되므로 물사포를 해서 표면을 다듬습니다. 롤링할 물감에 리타더 미디엄을 섞어 혼합합니다.

02 물티슈를 반으로 접어 꼽니다.

03 꼬아둔 물티슈를 여러 방향으로 굴립니다. 물티슈가 지나간 자리는 물감이 닦여 색상 차가 생기게 되고, 무늬가 자연스럽게 만들어집니다.

04 완성된 모습입니다.

14 티슈 기법 DVD | 02-14 티슈 기법

냅킨 글루를 칠한 바탕에 티슈를 붙여 자연스러운 주름을 내 무늬를 만드는 기법입니다.

01 제품에 냅킨 글루를 바른 후 티슈를 자유롭게 붙입니다.

02 티슈 위에 냅킨 글루를 칠해서 한 번 더 실링합니다.

03 잘 말린 후 냅킨에 어울리는 바탕색을 칠합니다.

04 완성된 모습입니다.

15 수제 냅킨 기법 DVD | 02-15 수제 냅킨 기법

사진 혹은 그림 등을 냅킨지에 직접 인쇄하여 만드는 기법입니다.

01 컴퓨터 프로그램을 통해 원하는 그림이나 일러스트 등을 준비합니다. A4 용지와 냅킨의 마지막 장을 준비합니다.

Tip

크기 조절이나 편집을 할 필요가 있다면 포토샵 등의 애플리케이션을 이용하면 됩니다.

02 냅킨의 마지막 장을 A4 크기보다 작게 자릅니다.

03 A4 용지에 냅킨을 셀로판테이프로 빈틈없이 잘 붙입니다.

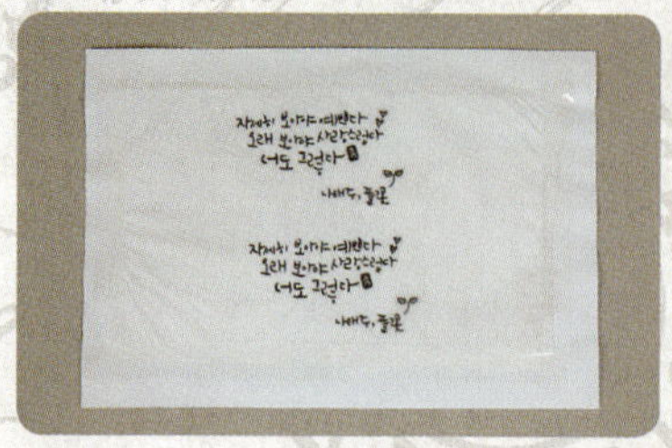

04 완성된 모습입니다.

16 데쿠파주 기법 DVD | 02-16 데쿠파주 기법

냅킨 아트의 기원으로 알려진 데쿠파주 기법입니다. 전용 데코파주 그림, 잡지나 책에서 오려낸 그림 등을 붙여 장식합니다.

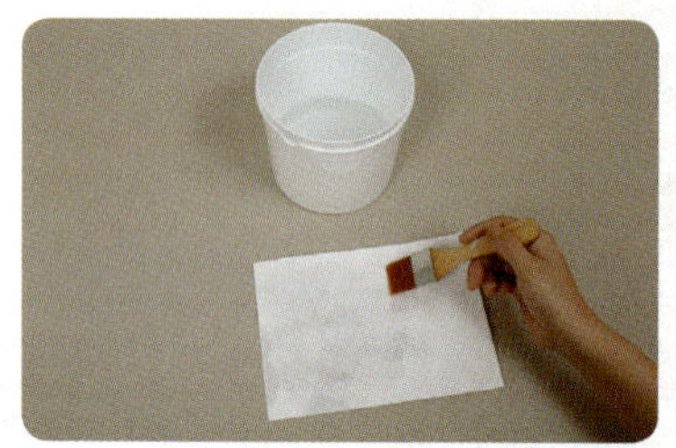

01 데쿠파주용 그림 뒷면에 물 스프레이나 붓으로 물을 먹입니다.

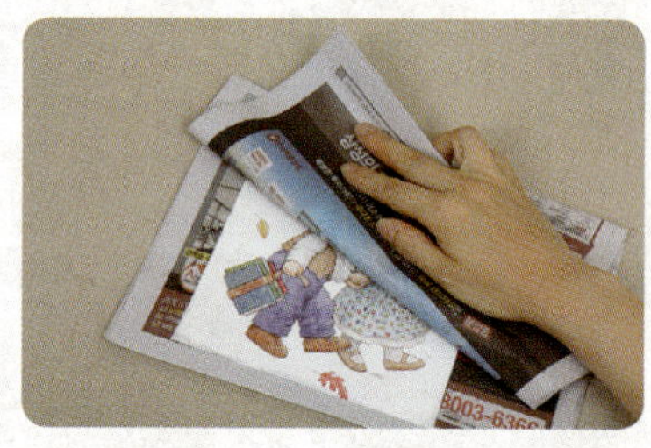

02 제품에 붙이기 전에 신문지로 물 먹인 그림의 물기를 흡수시킵니다.

03 제품에 냅킨 글루 혹은 데쿠파주 전용 접착제인 종이용 머드퍼지를 골고루 바릅니다.

04 그림을 붙인 후, 물티슈나 마른 스펀지로 잘 누르고 말립니다.

05 잘 마른 그림 위에 냅킨 글루를 1~2회 칠해서 실링하고 완성합니다.

17 콤브 기법 DVD | 02-17 콤브 기법

물감 혹은 모델링 페이스트를 바른 바탕에 콤브를 이용해서 다양한 무늬를 만드는 기법입니다.

01 제품에 원하는 색의 아크릴 물감으로 바탕을 칠합니다.

Tip

콤브 기법은 바탕을 칠하지 않은 채 작업하면 바탕이 드러나서 보기 좋지 않게 되거나 후작업이 필요해질 수 있습니다.

02 바탕을 잘 말린 후 제품에 물감 나이프로 원하는 두께만큼 모델링 페이스트를 바릅니다.

Tip

모델링 페이스트는 그대로 발라도 좋고, 원하는 색상의 아크릴 물감을 소량 섞어 색상을 내도 좋습니다.

03 콤브로 직선, 물결, 사선 등의 여러 가지 무늬를 만듭니다.

Tip

콤브를 사용할 때 묻어나는 모델링 페이스트는 수시로 닦아내야 깨끗한 무늬가 만들어집니다.

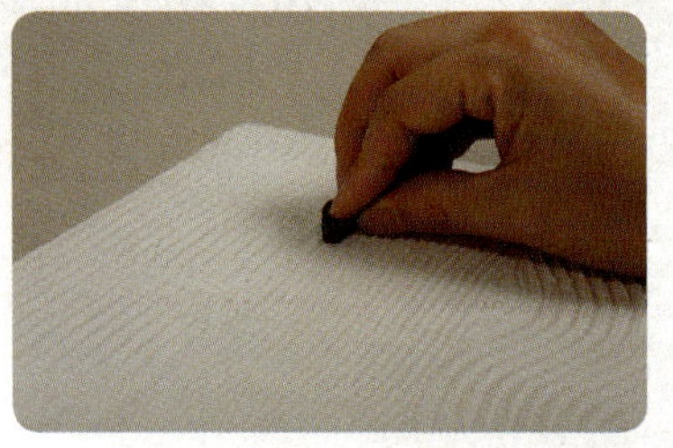

04 2~3일 동안 완전히 말린 후 날카로운 부분은 사포로 갈아냅니다. 작품에 따라 그대로 사용하거나 원하는 바탕색을 칠합니다.

05 완성된 모습입니다.

18 우드그레인 기법

DVD | 02-18 우드그레인 기법

물감을 칠한 바탕에 우드그레이너를 이용해서 나무의 나이테 무늬를 만드는 기법입니다.

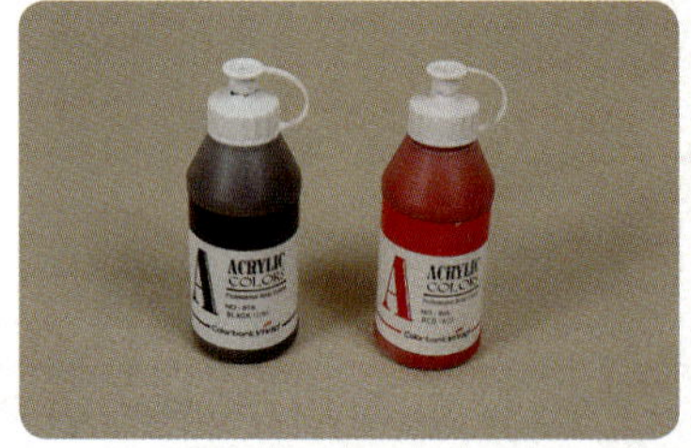

01 나무 나이테 모양을 나타내기 위해 색상을 선택합니다. 여기서는 하도제는 검은색, 상도제는 빨간색으로 선택하여 상도제로 나이테 모양을 표현하겠습니다.

02 상도제에는 리타더 미디엄을 섞습니다.

03 제품에 지연제를 섞은 물감을 칠합니다.

04 우드 그레이너로 나이테 모양을 만듭니다.

> ### Tip
> 우드 그레이너를 제품 위에 대고 도구의 끝 부분부터 쓸어내리면 원형의 나이테 모양이 만들어지고, 우드그레이너 중간 지점부터 쓸어내리면 일반 나이테 모양이 만들어집니다. 멋진 표현을 위해서는 연습이 필요합니다.

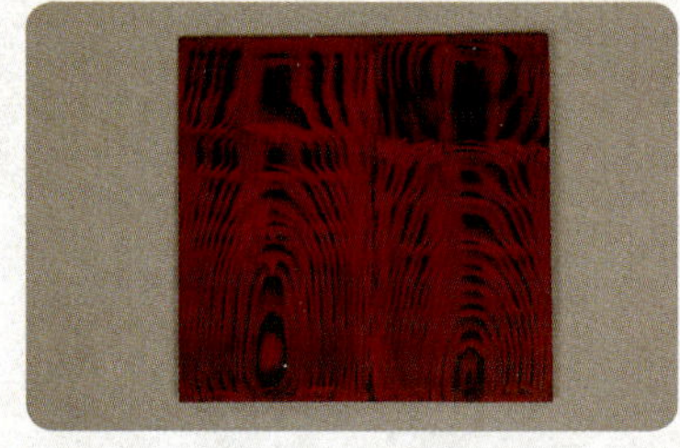

05 원하는 무늬가 나왔다면 여분의 물감을 닦아내고 잘 말립니다.

19 퀵 크랙 기법 DVD | 02-19 퀵 크랙 기법

퀵 크랙제를 사용해서 빠르게 크랙 무늬를 만들어내는 기법입니다. 냅킨을 붙이기 전에 작업하며, 하도제와 상도제 사이에 크랙제를 칠하고 건조하면 크랙이 생기며 하도제 색상이 드러납니다. 크랙 은 날씨에 영향을 많이 받으므로 비가 오거나 습도가 높은 날씨에는 작업을 피하는 것이 좋습니다.

하도제에 의해 크랙 사이로 색상이 표현됩니다. 하도제를 짙은 색으로 칠했다면 상도제는 밝은 색으로, 하도제를 밝은 색으로 칠했다면 상도제를 어두운색으로 칠해야 크랙이 선명하게 표현됩니다. 냅킨 아트에서는 주로 퀵 크랙 위에 냅킨을 붙이기 때문에 하도제를 어두운 색으로, 상도제를 밝은 색으로 조합하여 작업하는 경우가 많습니다.

01 제품에 원하는 하도제 역할의 아크 릴 물감을 칠하고 잘 건조시킵니다.

02 퀵 크랙제인 데코 크랙 미디엄을 칠 하는 방향에 따라 크랙의 모양이 달라집 니다. 우선, 세로로 크랙이 생기도록 세로 로 칠합니다.

03 가로로 크랙이 생기도록 가로로 칠 합니다.

04 다양한 모양으로 크랙이 생기도록 ㅅ 모양으로 칠합니다.

데코 크랙 미디엄을 칠하는 방향에 따 라 크랙의 모양이 달라지며, 두껍게 칠 하면 크랙이 크게 생기고 얇게 칠하면 크랙이 작게 생깁니다. 또한 겹쳐서 칠 하면 크랙이 잘 안 생기므로 겹치지 않 게 칠합니다. 무색투명하지만 자세히 보면 칠한 부분은 광택이 있으니 살펴 보면서 작업합니다.

05 퀵 크랙제를 다 칠한 후 자연 건조합 니다. 다 마르면 크랙이 없어지지 않도록 상도제도 겹치지 않게 한 번에 칠하고 건 조시킵니다.

06 잘 말려 완성된 모습입니다. 이제 냅 킨 작업을 시작하면 됩니다.

20 앤티크 크랙 기법

앤티크 크랙제를 사용해서 서서히 크랙 무늬를 만드는 기법입니다. 퀵 크랙 기법과 달리 냅킨
을 붙인 후 작업합니다.

01 제품에 냅킨이나 데쿠파주 그림을 붙인 후, 그 위에 냅킨 글루로 1~2회 실링합니다.

이 과정은 터펜틴유(Turpentine, 일명 테레핀유)로 매직 터치를 닦아낼 때 바탕색 물감과 냅킨 혹은 데쿠파주 그림을 보호하기 위한 것입니다.

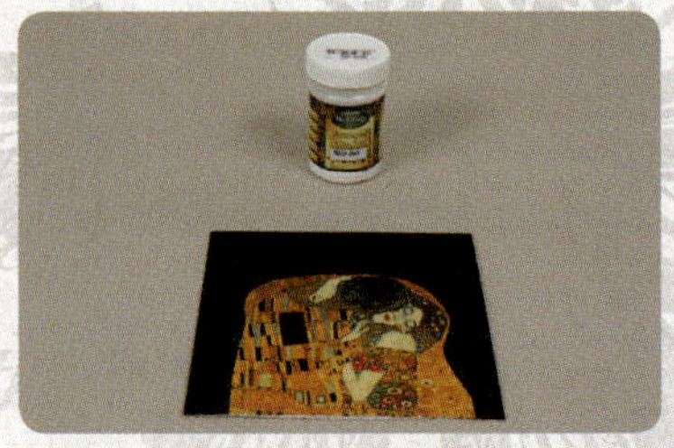

02 베이스 코트(Base Coat)를 준비합니다.

03 제품에 베이스 코트를 서로 교차되도록 2회 칠합니다. 베이스 코트를 다 칠하면 5시간 이상 건조시킵니다.

베이스 코트를 1회차에 가로로 칠하고 말린 후, 2회차에 세로로 칠하면 교차되어 칠해집니다. 물론 이 반대의 경우도 상관없습니다.

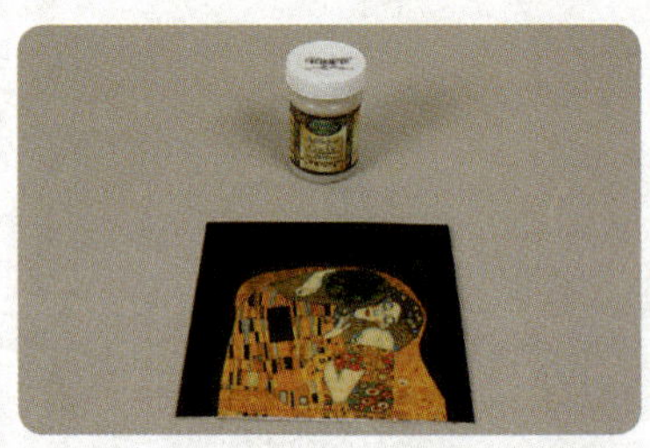

04 톱코트(Topcoat)를 준비합니다.

05 제품에 톱코트를 원하는 두께로 1회 칠합니다.

톱코트의 두께에 따라 크랙의 크기가 조금씩 달라집니다. 톱코트를 얇게 바르면 크랙의 크기가 작아지고, 두껍게 바르면 크기가 커집니다. 톱코트를 빨리 말려도 크랙의 크기가 작아집니다.

06 톱코트가 건조되면서 크랙이 생깁니다.

07 톱코트가 완전히 잘 마르면, 헝겊에
터펜틴유를 묻혀 준비합니다.

08 터펜틴유를 묻힌 헝겊에 매직 터치
(Magic Touch)를 살짝 묻혀서 크랙이 만
들어진 제품에 문지릅니다. 크랙 사이를
메운 매직 터치 색상이 나타나면서 크랙
무늬가 드러납니다.

09 나머지 불필요한 매직 터치는 깨끗
한 헝겊에 터펜틴유를 살짝 묻혀 닦아내
면 깨끗해집니다.

10 크랙 작업을 마친 후, 72시간 이상
건조시켜 완성된 모습입니다.

21 도자기 크랙 기법

도자기 크랙제를 사용해서 입체감 있는 크랙 무늬를 만드는 기법입니다. 퀵 크랙제처럼 냅킨을 붙이기 전에 작업합니다.

01 제품에 바탕색을 칠한 후, 작업할 곳에 크랙 베이스를 골고루 바릅니다.

Tip
바탕색은 크랙이 생기면 그 사이로 나타나게 되므로, 크랙을 선명하게 보려면 짙은 색상의 아크릴 물감을 칠하는 것이 좋습니다.

02 크랙 베이스가 살짝 건조되면 준비한 크랙제를 물감 나이프로 바릅니다.

Tip
크랙제에 아크릴 물감을 섞어 원하는 색상을 만들 경우, 아크릴 물감의 양이 너무 많으면 크랙이 안 생길 수도 있습니다. 아크릴 물감양은 크랙제의 10% 이내로 해야 합니다. 또한 크랙제가 모델링 페이스트와 같은 질감이고 흰색이라 아크릴 물감을 섞으면 파스텔 톤의 색이 만들어집니다.

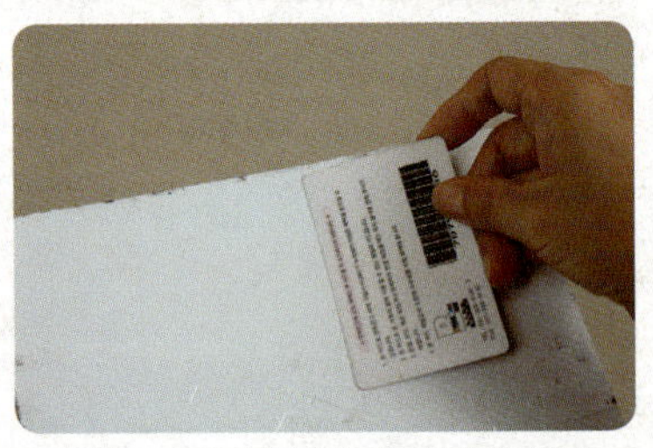

03 크랙제가 거칠게 발린 표면은 못 쓰는 카드 등으로 고르게 다듬습니다.

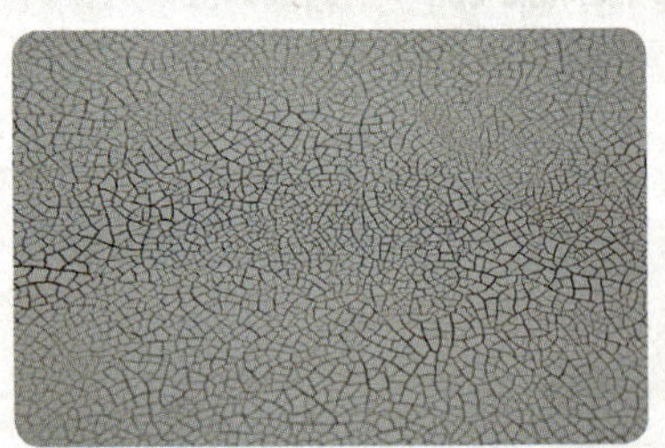

04 크랙제를 다 바른 후, 두께와 날씨에 따라 5~7시간 건조시킵니다.

Tip
온도가 높거나 햇빛이 강할 경우 건조 시간이 짧아집니다. 크랙제는 두껍게 바르면 크랙이 크게 갈라지고 얇게 바르면 작게 갈라집니다.

05 건조가 다 되면 크랙 접착력을 높이기 위해 크랙 베이스를 발라 실링합니다.

06 마감은 유성 바니시, 수성 바니시, 액체 유리 어떤 것으로 해도 무방하지만, 액체 유리로 마감하면 도자기 느낌을 제대로 낼 수 있습니다.

액체 유리 사용법 자세히 보기

액체 유리는 레진과 경화제를 한 세트로 판매하며, 이를 적정 비율로 섞어 사용합니다. 일반 마감
제와 달리 유리 느낌을 낼 수 있을 뿐 아니라 제품의 내구성도 강화할 수 있어 유용합니다.

① 일반적으로 레진과 경화제를 비율
에 따라 양에 맞게 종이컵에 덥니다.

② 기포가 생기지 않도록 주의하며,
덜어둔 주제와 경화제를 나무젓가락
이나 일회용 숟가락으로 골고루 잘
섞습니다.

③ 액체 유리가 흐를 수 있기 때문에
제품 아래 비닐 등을 깔고, 제품에 액
체 유리를 바릅니다. 너무 얇게 바르
면 구멍(핀홀 현상)이 생길 수 있으므
로 주의합니다.

④ 제품에 액체 유리를 붓이나 플라
스틱 수저 등으로 펴바릅니다. 작업
중 기포가 생기면 바늘 등으로 터트
리고, 양이 과하거나 수평이 맞지 않
아 흘러내리는 액체 유리는 물티슈로
즉시 닦아냅니다.

⑤ 먼지가 없고 환기가 잘되는 평평
한 곳에서 3일 이상 건조시킵니다.

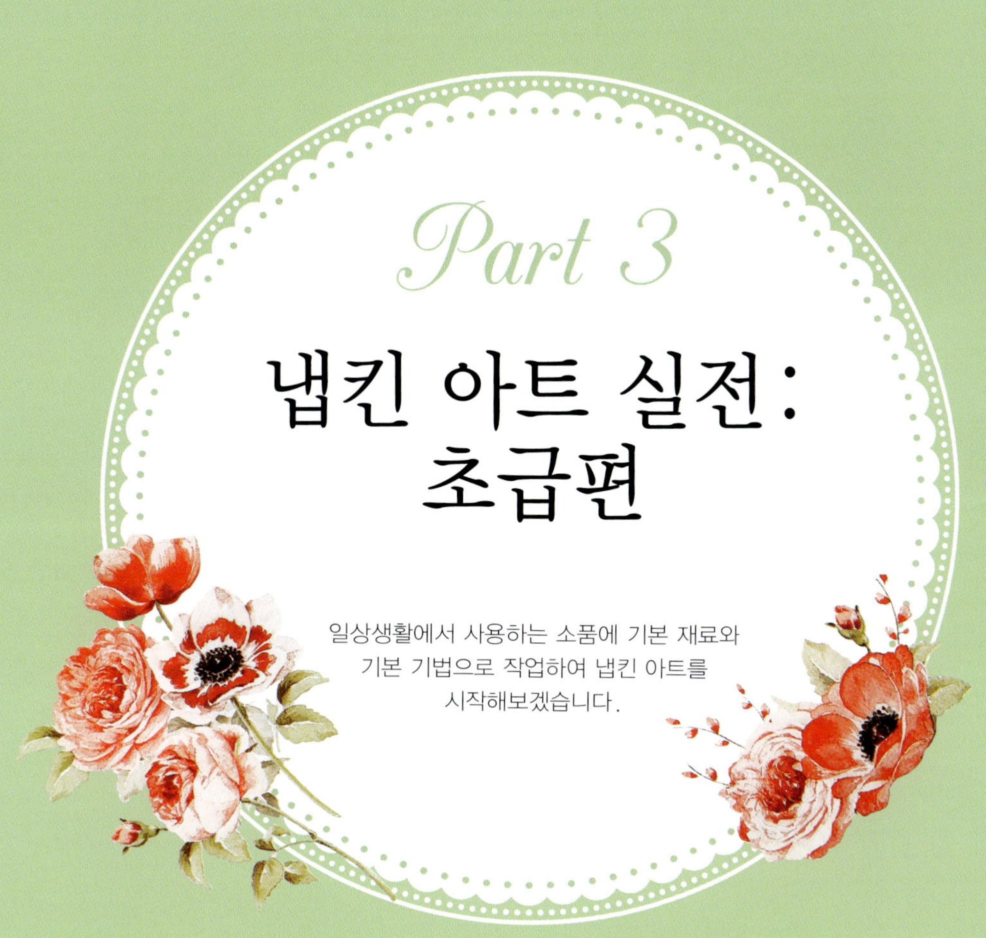

냅킨 아트 실전: 초급편

일상생활에서 사용하는 소품에 기본 재료와
기본 기법으로 작업하여 냅킨 아트를
시작해보겠습니다.

01
꽃밭 배경
티슈 케이스

꽃밭 배경 티슈 케이스

DVD | 03-01 꽃밭 배경 티슈 케이스

새로 사온 티슈를 그대로 침실 테이블에 올려놓으니 눈에 많이 거슬리네요. 주위 물건들과 잘 어울리는 티슈 케이스를 만들어 포인트 역할을 할 수 있도록 해보겠습니다. 티슈 케이스는 냅킨 아트의 기본만 익히면 누구나 쉽게 만들 수 있습니다.

준비물

주재료

티슈 케이스(반제품), 냅킨

부재료

냅킨 글루, 스파클 냅킨 글루, 젯소, 스펀지, 붓, 무광 바니시

물감

아크릴 물감: 흰색, 펄화이트, 은색

작업 과정

01 티슈 케이스 반제품에 사포 작업을 해서 표면을 고르고 매끈하게 만든 후, 마른 붓으로 먼지를 잘 털어냅니다.

02 티슈 케이스 전면에 젯소칠을 1~2회 합니다. 뭉치지 않도록 붓으로 고르게 펴바릅니다.

Tip

사포 작업에 대한 자세한 설명은 1부의 24쪽을 참조합니다.

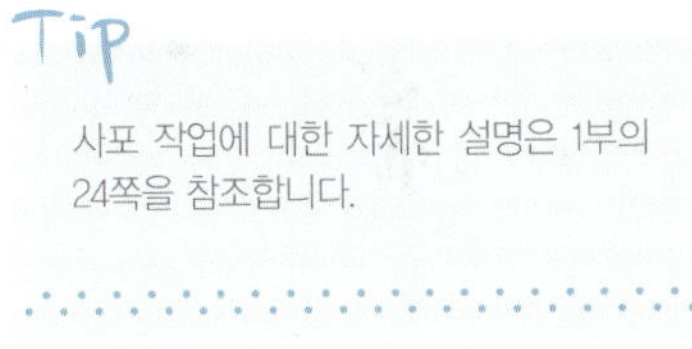

03 젯소칠을 마친 후 건조시킵니다. 빨리 건조시키고 싶을 때에는 드라이어로 말립니다.

04 바탕색을 칠하기 위하여 흰색, 펄화이트, 은색 아크릴 물감을 준비합니다.

05 3가지 색상을 자연스럽게 나타내기 위해, 물감을 섞지 않고 짜놓은 상태 그대로 스펀지에 묻힙니다.

06 스펀지로 톡톡 찍듯이 티슈 케이스 전면에 아크릴 물감을 1〜2회 칠합니다.

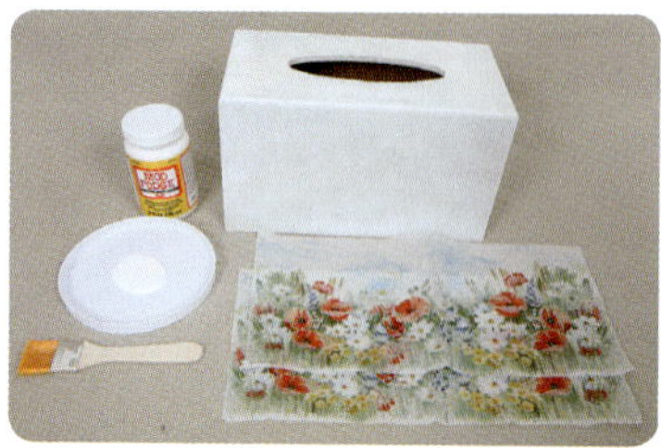

07 티슈 케이스에 사용할 냅킨을 준비합니다.

08 냅킨을 고정시키기 위해 티슈 케이스 한쪽 가장자리에 냅킨 글루를 칠하고 냅킨을 붙입니다.

냅킨 전장을 붙이는 경우에는 냅킨 글루를 조금씩 칠하면서 붙여나가면 주름 지지 않고 매끈하게 붙일 수 있습니다.

09 냅킨을 올린 후, 물티슈로 표면을 살짝살짝 눌러 붙입니다.

10 티슈 케이스 한 면에 냅킨을 다 붙인 후 드라이어로 충분히 말립니다.

11 옆면 가장자리에 길게 남은 냅킨은 부착 경계를 사포로 살살 밀어 정리합니다.

12 윗면 가장자리에 남은 냅킨은 사포로 정리하면 아크릴 물감이 벗겨질 수 있으므로 물을 묻혀 정리하겠습니다. 깨끗한 붓에 물을 묻혀 냅킨의 제거할 부분에 칠합니다.

가장자리에 남은 냅킨을 사포를 이용하 거나 물을 묻혀 제거하는 방법은 여분 의 냅킨에 냅킨 글루가 묻어 있지 않아 야 가능하며 제품에 붙인 냅킨을 완전 히 건조시킨 후 처리해야 손상 없이 깨 끗하게 작업할 수 있습니다.

13 젖은 냅킨을 손가락으로 살살 밀어 조심스럽게 떼어냅니다.

14 같은 방법으로 티슈 케이스 둘레 전면에 냅킨을 다 붙인 후, 하단 트레이 부분을 슬 라이드할 수 있도록 칼집을 넣어 정리합니다.

15 스파클 냅킨 글루를 준비합니다.

16 티슈 케이스 전면에 붓으로 스파클 냅킨 글루를 칠하고 말립니다.

17 마감제인 무광 바니시를 준비합니다.

18 티슈 케이스 전면에 붓으로 무광 바니시를 1〜2회 칠합니다.

19 자연 건조하거나 드라이어로 잘 말려서 완성합니다.

추천 냅킨

장미 모티브 티슈 케이스

이번에는 큼직한 장미 모티브가 눈길을 끄는 냅킨을 선택해 티슈 케이스를 만들었습니다. 젯소와 바탕색을 칠한 후, 바탕 전체에 대리석 기법을 적용해 질감을 만들고 냅킨을 오려붙이면 완성되므로 작업 과정이 비교적 간단합니다. 활짝 핀 꽃을 머금은 티슈 케이스로 거실을 분위기 있게 꾸며보세요.

02
플라워 모티브
휴대폰 케이스

플라워 모티브 휴대폰 케이스

칙칙한 검정 플립 케이스를 흰 바탕에 붉은 꽃이 자리 잡아 화려한 느낌으로 바꿔보았습니다. 색다른 휴대폰 케이스를 원한다면 냅킨 아트로 직접 꾸며보면 어떨까요? 꽃무늬도 나비무늬도 좋습니다. 얼마든지 자신의 취향에 맞춰 휴대폰 케이스를 꾸밀 수 있습니다.

준비물

주재료

휴대폰 케이스(반제품), 냅킨

부재료

냅킨 글루, 스파클 냅킨 글루, 젯소, 스펀지, 붓, 유광 바니시, 큐빅 스티커

물감

아크릴 물감: 흰색, 펄화이트

작업 과정

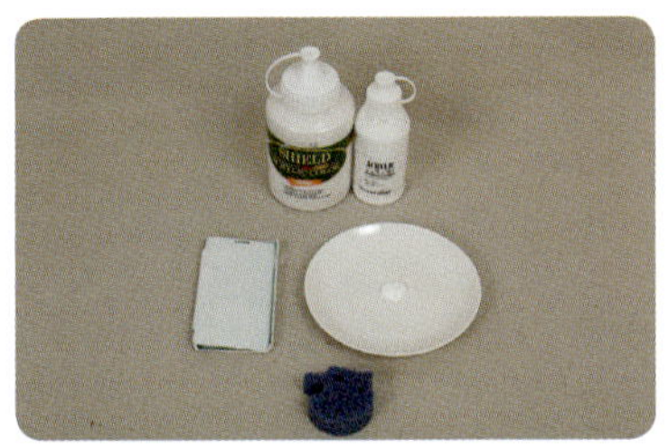

01 휴대폰 케이스 표면을 물티슈로 깨끗하게 닦은 후 젯소칠을 1~2회 하고 말립니다. 바탕색으로 사용할 흰색과 펄화이트색 아크릴 물감을 준비합니다.

02 준비한 물감을 섞어 스펀지로 휴대폰 케이스 전면을 1~2회 칠합니다.

03 휴대폰 케이스에 사용할 냅킨과 냅킨 글루를 준비합니다.

04 휴대폰 케이스는 면적이 작기 때문에 냅킨을 한 번에 붙이겠습니다. 휴대폰 케이스 전체에 냅킨 글루를 바릅니다.

05 위치를 잡아 오려둔 냅킨을 붙인 후, 물티슈로 살짝살짝 눌러가면서 자리를 잡습니다.

06 드라이어로 건조시킨 후 사포를 이용해 나머지 냅킨을 정리합니다.

07 스파클 냅킨 글루를 준비합니다.

08 냅킨 그림에서 포인트를 주고 싶은 곳에 붓으로 스파클 냅킨 글루를 칠합니다. 여기서는 꽃을 중심으로 포인트를 주었습니다.

09 냅킨 그림이 꽃이기 때문에 큐빅 스티커를 이용해 마무리 장식을 해보겠습니다. 여기서는 꽃술 부분에 붙여 장식했습니다.

10 마감제인 매트 바니시를 준비합니다.

11 휴대폰 케이스에 붓으로 매트 바니시를 1~2회 칠합니다.

12 자연 건조하거나 드라이어로 잘 말려서 완성합니다.

플립 케이스는 사용하다보면 접힌 부분이 금방 떨어질 수 있기 때문에 접히는 부분을 제외하고 작업하면 오랫동안 사용할 수 있습니다.

추천 냅킨

젤리 휴대폰 케이스와 휴대폰 거치대

이번에는 말랑말랑한 젤리 소재의 휴대폰 케이스와 목제 휴대폰 거치대를 꾸며보았습니다. 젤리 케이스에는 젯소와 물감의 접착력을 높이기 위해 냅킨 글루를 먼저 칠합니다. 바탕색을 칠한 후에는 또한 제품을 좀 더 견고하게 하기 위해 케이스에 여분의 흰 냅킨을 붙여 잘 말립니다. 이렇게 작업하면 그 위에 붙인 냅킨 그림이 흰 바탕을 받아 더욱 선명하게 표현되므로 일석이조입니다. 휴대폰 거치대는 반제품에 바탕색을 칠한 후 바로 냅킨을 붙여 작업합니다. 여기에 사용한 장미 모티브 냅킨이나 나비 모티브 냅킨처럼 은은하면서 고풍스러운 느낌의 냅킨에는 앤티크 크랙 기법이 잘 어울립니다. 크랙은 전면에 적용해도 좋지만 그림을 중심으로 바깥쪽 일부에만 적용해도 충분히 완성도를 높일 수 있습니다.

체크 플라워
머리핀

체크 플라워 머리핀

어떤 헤어스타일에도 예쁜 머리핀 하나만 있으면 포인트를 줄 수 있습니다. 이번에는 딸과 함께 커플 머리핀을 해보면 어떨까요? 꽃핀으로 헤어스타일과 마음까지 산뜻해지면 산책을 나가보는 것도 좋을 것 같네요.

준비물

주재료

나무 머리핀(반제품), 냅킨

부재료

냅킨 글루, 젯소, 붓, 무광 바니시, 큐빅 스티커

물감

아크릴 물감: 흰색

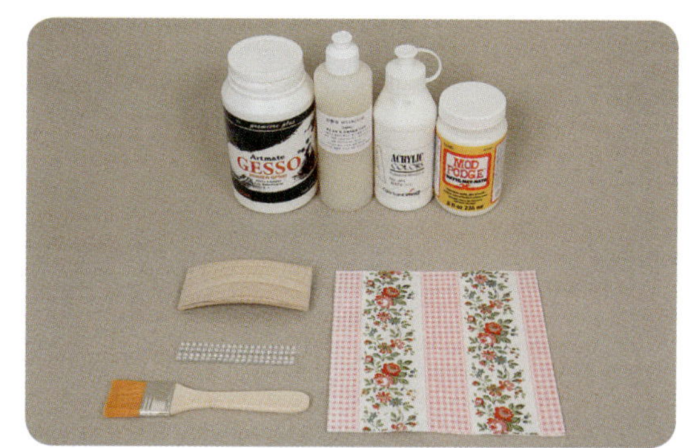

작업 과정

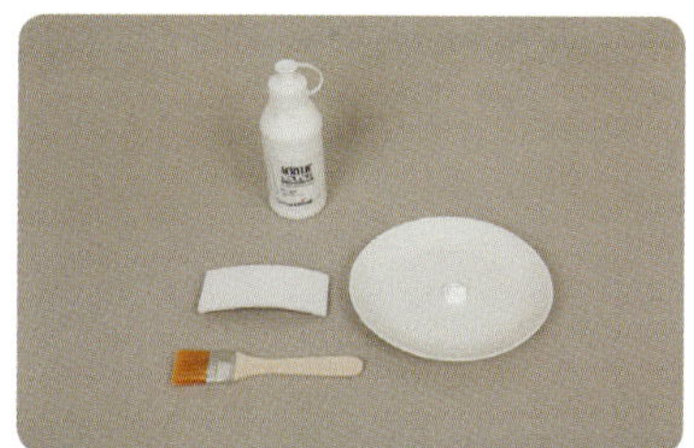

01 머리핀 반제품의 표면을 사포로 다듬은 후, 젯소칠을 하고 건조시킵니다. 바탕색으로 사용할 흰색 아크릴 물감을 준비합니다.

02 붓으로 머리핀 전면에 아크릴 물감을 1~2회 칠합니다.

03 원하는 냅킨을 머리핀 크기에 맞춰 오립니다.

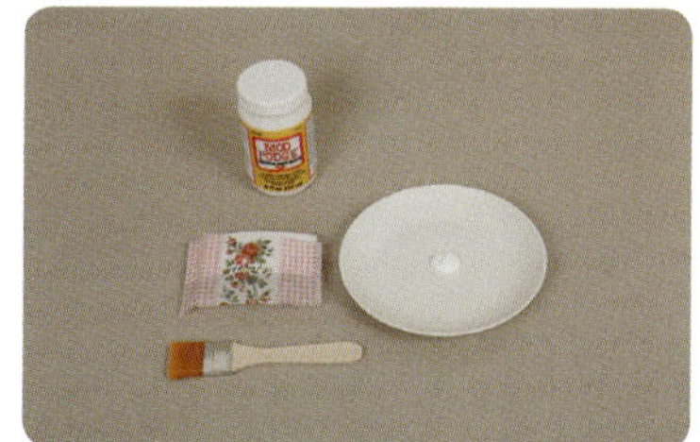

04 오려낸 냅킨과 냅킨 글루를 준비합니다.

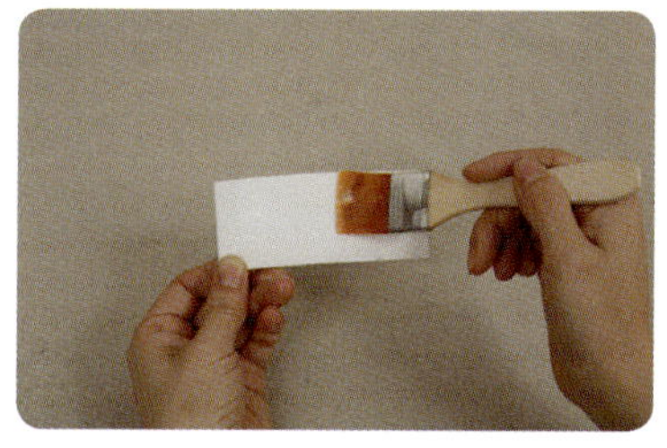

05 머리핀 전면에 붓으로 냅킨 글루를 칠합니다.

06 오려둔 냅킨 일부를 머리핀에 붙이고 표면을 물티슈로 살짝살짝 눌러 전체를 붙입니다.

07 드라이어로 잘 말린 후 여분의 냅킨을 사포로 정리합니다.

08 큐빅 스티커를 잘라서 중앙 꽃그림의 위아래로 붙입니다.

09 마감제인 그로스 바니시를 준비합니다.

10 머리핀 전면에 그로스 바니시를 1~2회 칠합니다.

11 자연 건조하거나 드라이어로 잘 말려서 완성합니다.

추천 냅킨

플라워 패턴 머리핀

이번에는 '체크 플라워 머리핀'을 만들고 남은 냅킨의 꽃무늬 부분만 이용하여 커플 머리핀을 만들어보았습니다. 같은 냅킨이라도 어느 부분을 사용하는가에 따라 분위기가 달라집니다. 체크무늬가 들어가니 왠지 동양적인 느낌이 더 느껴지는 듯합니다. 작업 과정은 앞서 살펴본 것과 같지만 전면 플라워 패턴에 큐빅 스티커를 머리핀 전체 길이로 붙여 포인트를 주었습니다. 마감제로 액체 유리를 선택하면 더욱 고급스러울 뿐 아니라 내구성도 높일 수 있습니다.

04

쇼윈도

끈 파우치

쇼윈도 끈 파우치

난이도	★☆☆
사용 기법	패브릭 기법
소요 시간	1시간

기본 화장품부터 여성용품까지, 외출 한번 하려면 준비해야 할 것이 왜 이리 많은지. 그래서 여자라면 가방에 파우치 하나쯤 들어 있을 겁니다. 이번에는 패브릭 기법을 이용하여 예쁜 파우치를 만들어보겠습니다. 이제 필요한 물건들을 내가 만든 예쁜 파우치에 넣어 가방에 넣기만 하면 외출 준비도 끝입니다.

준비물

주재료

파우치(반제품), 냅킨

부재료

패브릭 냅킨 글루, 스파클링 냅킨 글루, 붓

작업 과정

01 파우치 크기에 맞춰 냅킨을 오려둡니다.

02 오려둔 냅킨과 패브릭 냅킨 글루를 준비합니다.

03 파우치 앞면에 패브릭 냅킨 글루를 칠합니다.

04 오려둔 냅킨 일부를 파우치에 붙이고 표면을 물티슈로 살짝살짝 눌러 전체를 붙입니다.

05 파우치 모서리 부분을 깔끔하게 처리하기 위해 시접선에 한 번 더 냅킨 글루를 칠합니다.

06 모서리 부분에 냅킨을 물티슈로 꼼꼼하게 붙입니다.

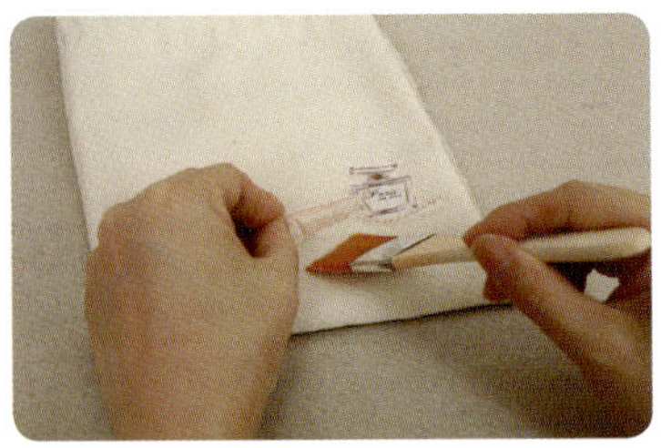  

07 파우치 뒤쪽 면에 오려둔 냅킨 크기 만큼 패브릭 냅킨 글루를 칠합니다.

08 오려둔 냅킨을 붙이고 드라이어로 말립니다.

09 붙인 냅킨을 잘 말린 후, 커터 칼로 여분의 냅킨에 칼집을 살짝 넣습니다.

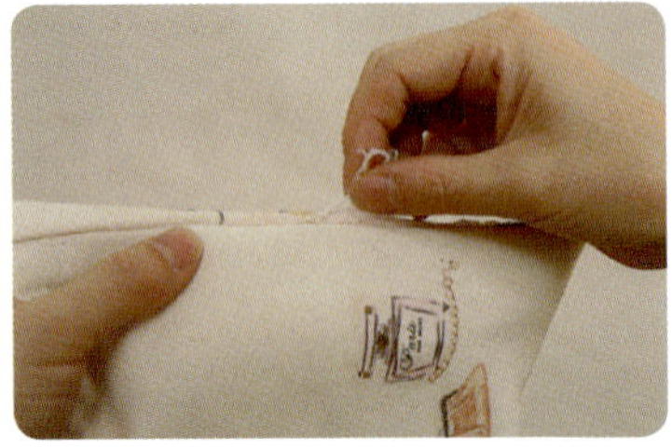 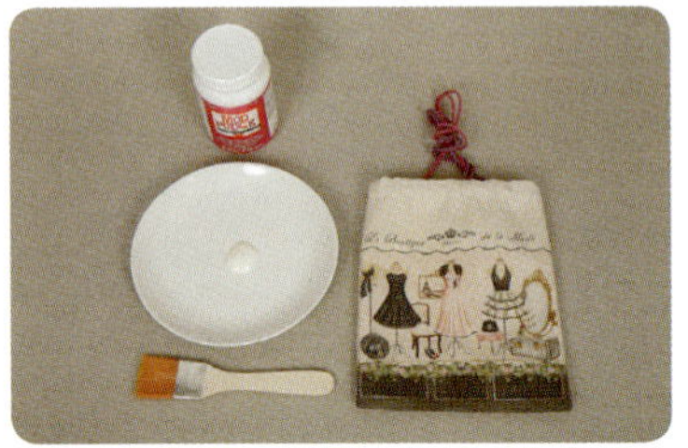 

10 칼집이 들어간 여분의 냅킨을 손으로 뜯어 깨끗하게 정리합니다.

11 내구성을 강화하고 장식도 하기 위해 스파클 냅킨 글루를 준비합니다.

12 스파클 냅킨 글루를 강조하고 싶은 부분에 칠합니다. 여기서는 드레스를 중심으로 칠하겠습니다.

13 스파클 냅킨 글루를 잘 말린 후, 패브릭 냅킨 글루를 앞뒷면에 1회씩 칠해 마감 처리를 합니다.

14 완성한 파우치 앞면의 모습입니다.

15 완성한 파우치 뒷면의 모습입니다.

추천 냅킨

다양한 스타일의 파우치

끈 파우치 외에도 다양한 종류의 파우치가 있습니다. 연출 방법 역시 냅킨 전장을 파우치 전면에 붙여 작업하거나 그림의 일부만 오려내어 작업하는 등 다양합니다. 파우치는 자주 사용하는 만큼 손때가 많이 타 자주 세탁하는 편이죠. 패브릭 기법을 적용했더라도 세탁을 자주 하면 애써 만든 작품이 금방 상할 수도 있습니다. 그래서 그로스 바니시나 패브릭 전용 유광 코팅제를 칠한 후 잘 말리고 반복해서 칠하면 오염 시 물티슈로 살짝 닦아서 사용하면 되므로 편합니다. 패브릭 전용 유광 코팅제는 파스텔 클레이(http://www.pastelclay.com/)에서 구매할 수 있습니다.

05
알록달록 화려한
부활절 달걀

알록달록 화려한 부활절 달걀

쓰러진 예수의 십자가를 대신 졌던 시몬의 직업은 달걀장수였다고 합니다. 예수가 십자가에 매달린 뒤에 그가 집으로 돌아오니 암탉이 낳은 달걀이 모두 무지갯빛으로 변해 있었고, 이후 교회에서는 달걀을 부활의 상징으로 사용하기 시작했다는 전설이 있습니다. 이번에는 냅킨 아트로 무지갯빛 달걀을 만들어보겠습니다.

준비물

주재료

달걀, 냅킨

부재료

냅킨 글루, 스파클 냅킨 글루, 붓, 스펀지, 젯소, 그로스 바니시

물감

아크릴 물감: 흰색

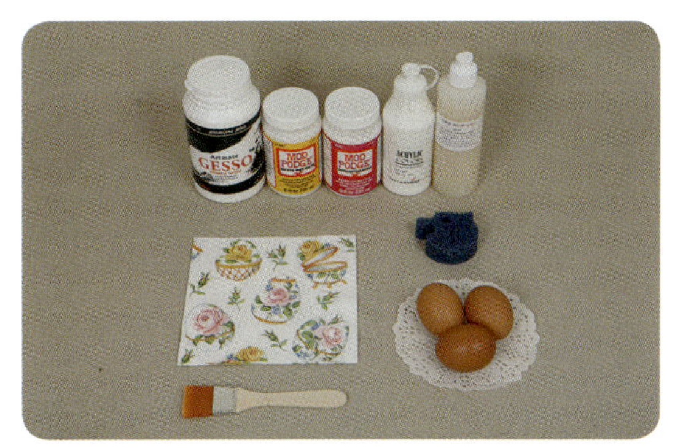

작업 과정

Tip

달걀 표면에 젯소와 아크릴 물감을 칠하기 때문에 가급적 먹지 말고 장식용으로 사용하는 것이 좋습니다.

01 달걀 표면을 깨끗하게 정리한 후, 달걀 전면에 젯소칠을 1~2회 하고 말립니다.

02 달걀 바탕색을 칠할 흰색 아크릴 물감을 준비합니다.

Tip

장식용 달걀은 내용물을 그대로 두면 변질되기 때문에 미리 빼내어 작업합니다. 우선, 달걀의 위아래 일부에만 목공풀을 칠하고 말린 후, 바늘 등으로 구멍을 만듭니다. 한쪽 구멍을 막고 다른 한쪽 구멍에 바늘 등을 넣어 노른자를 터뜨려 내용물을 빼냅니다. 내용물을 다 빼내면 구멍으로 물을 넣어 세척하고 바짝 말린 후, 냅킨 글루나 목공풀에 물을 섞어 희석한 액체를 달걀 안팎으로 여러 번 코팅합니다. 이렇게 하면 달걀의 강도가 높아져 작업이 수월해집니다. 이후에는 젯소와 아크릴 물감을 발라 밑작업을 한 후 냅킨 작업을 하면 됩니다.

03 달걀에 붓으로 아크릴 물감을 1~2회 칠한 후, 드라이어로 말립니다.

04 달걀에 붙일 냅킨과 냅킨 글루를 준비합니다.

05 달걀에 냅킨 글루를 발라 냅킨을 붙인 후, 잘 말립니다.

06 냅킨 그림을 반짝이는 느낌으로 장식하기 위해 스파클 냅킨 글루를 칠합니다.

07 마감제인 그로스 바니시를 준비합니다.

08 달걀 전면에 그로스 바니시를 1~2회 칠합니다.

09 자연 건조하거나 드라이어로 잘 말려서 완성합니다.

추천 냅킨

다양한 부활절 달걀

부활절 달걀을 나눠줄 대상에 따라 냅킨 그림을 달리 선택해서 만들어보았습니다. 아이들에게 줄 달걀에는 귀여운 동물이나 캔디 그림을, 어른들에게 줄 달걀에는 꽃이나 작은 액세서리 그림을 이용했습니다. 달걀에 바탕색을 칠하거나 냅킨을 붙일 때에는 달걀판에 놓고 작업하면 수월하게 진행할 수 있습니다. 달걀은 곡면으로 되어 있어 전면에 냅킨을 붙이는 것보다 냅킨을 작게 오려붙이는 것이 좋습니다. 바탕색을 칠할 때 붓자국이 많이 날 경우에는 스펀지를 이용하면 깔끔하게 칠할 수 있을 뿐 아니라 특별한 기법 없이 특유의 오돌토돌한 질감을 얻을 수 있습니다.

Part 4

냅킨 아트 실전:
중급편

기본 기법과 재료를 다루는 과정이
익숙해졌다면, 이제 다양한 기법과
재료를 사용하여 한 단계 더
나아가보겠습니다.

소녀 그림
정사각형 티슈 케이스

소녀 그림 정사각형 티슈 케이스

식사 중 음식물을 흘렸을 때뿐만이 아니라 아이들의 일상에도 늘 필요한 것이 휴지 아닐까 싶습니다. 자주 쓰게 되는 만큼 두루마리 화장지가 부담이 적을 것 같은데, 그냥 두자니 모양이 거슬리는 것도 사실입니다. 그래서 예쁜 소녀 그림이 둘러진 정사각형 티슈 케이스를 만들어 가려볼까 합니다. 편의성은 물론 인테리어 느낌까지 한 번에 잡을 수 있는 요긴한 아이템이 될 것 같네요.

준비물

주재료

정사각형 티슈 케이스(반제품), 한지 그림(수제 제작 가능)

부재료

라인 스티커(은색), 냅킨 글루, 젯소, 붓, 유성 바니시(PU7), 그로스 바니시, 마스킹테이프

물감

아크릴 물감: 파란색, 검은색, 흰색

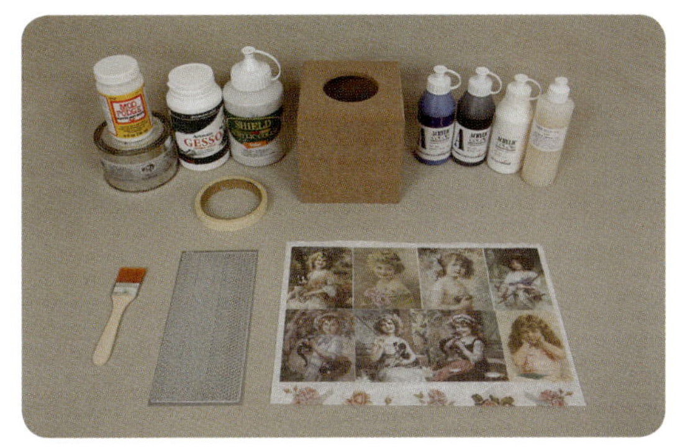

작업 과정

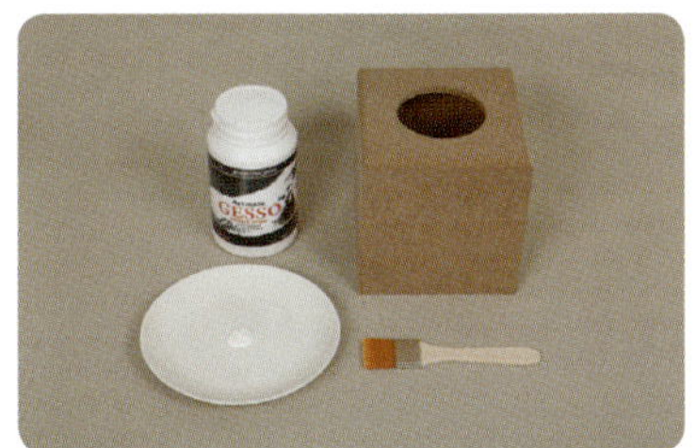

01 티슈 케이스 반제품에 사포 작업을 한 후, 젯소칠을 1~2회 하고 말립니다.

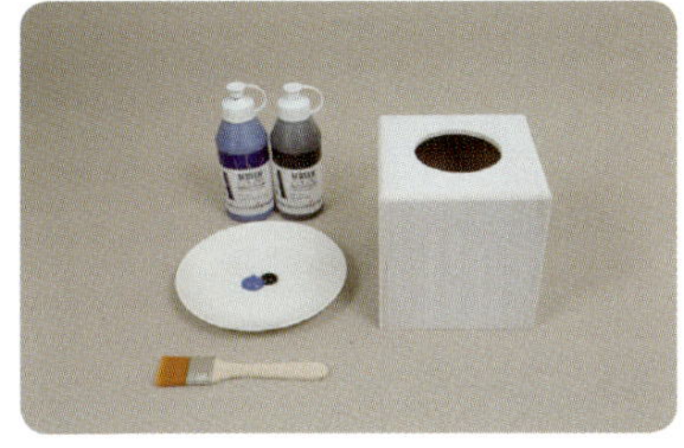

02 파란색, 검은색 아크릴 물감을 혼합하여 바탕색으로 사용할 암청색을 만듭니다.

03 그림을 붙일 부분을 제외한 전면에 바탕색을 1~2회 칠합니다.

04 티슈 케이스에 바탕색을 칠한 모습입니다.

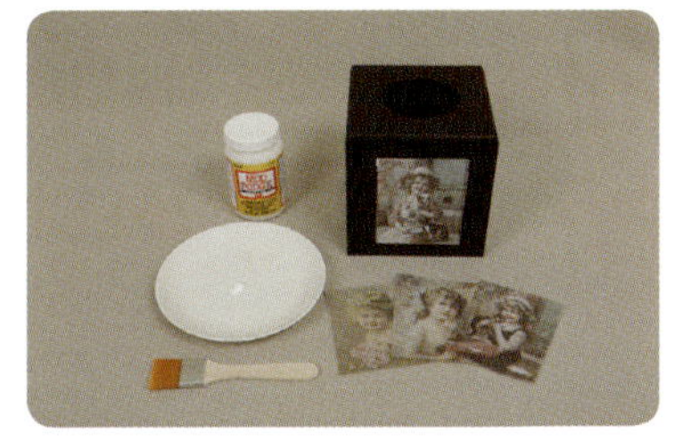

05 티슈 케이스에 붙일 한지 그림과 냅킨 글루를 준비합니다.

06 티슈 케이스의 아크릴 물감을 칠하지 않은 흰 부분에 냅킨 글루를 칠합니다.

07 준비한 한지 그림을 티슈 케이스에 올려 한쪽을 고정한 후, 물티슈로 살짝살짝 눌러가며 붙입니다.

08 라인 스티커를 그림 가장자리에 붙입니다.

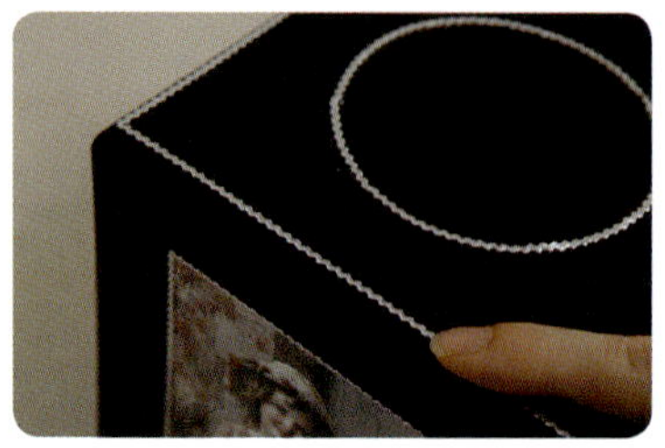

09 티슈 케이스 입구 둘레와 상단 테두리에도 라인 스티커를 붙입니다.

10 마감제인 유성 바니시(PU7)를 준비합니다.

유성 바니시는 물에 씻기지 않으므로 유성 바니시가 묻은 붓은 물로 세척할 수 없습니다. 그래서 전용 세척제를 사용해야 하는데, 편의상 사용감이 많은 헌 붓을 이용하고 버리는 것을 추천합니다.

11 전면에 유성 바니시를 1회 칠합니다.

12 자연 건조하거나 드라이어로 잘 말려서 완성합니다.

추천 냅킨

Application

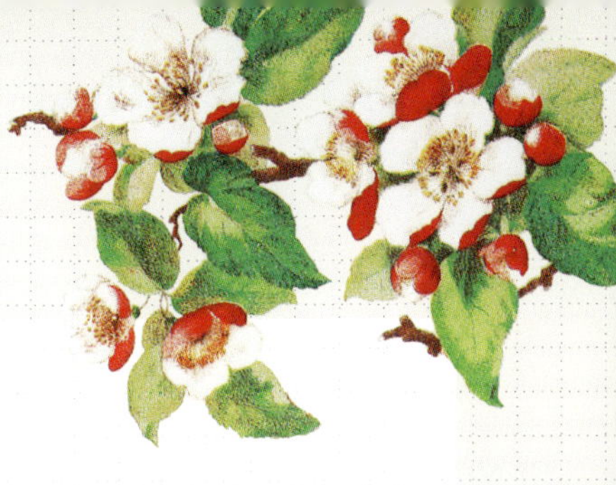

다양한 정사각형 티슈 케이스

같은 기법이지만 그림을 바꿔서 작업해 본 티슈 케이스입니다. 이처럼 냅킨이 아닌 그림을 이용할 경우에는 인쇄지 자체의 두께 때문에 접착 경계가 도드라집니다. 이럴 때 경계면에 라인 스티커를 붙이면 경계면을 감출 수 있어 유용합니다. 라인 스티커는 이처럼 접착 경계를 가리는 역할뿐 아니라 전체적인 분위기를 정리하는 역할도 하는 유용한 아이템입니다.

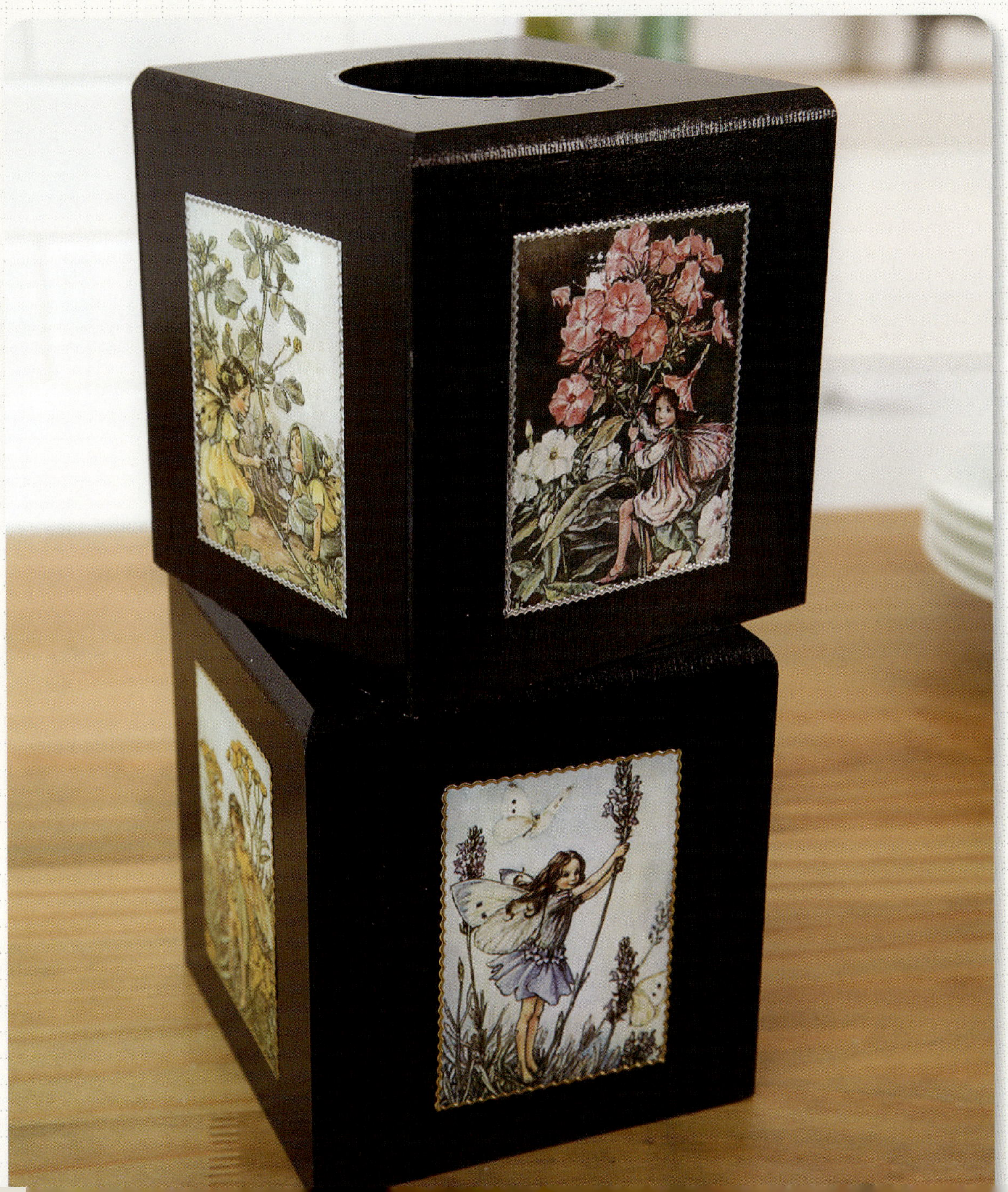

07
벽돌 담장을 두른
명함 꽂이

벽돌 담장을 두른 명함 꽂이

업무상의 미팅뿐 아니라 오랜만에 친구를 만난 자리에서도 한두 장씩 생기게 마련인 명함. 그 자리에서 급히 받아 지갑이나 다이어리에 넣어두고 잊어버리기 일쑤죠. 이제 측면을 벽돌처럼 연출한 명함 꽂이를 만들어 받아둔 명함을 정리해보면 어떨까요? 정리하는 김에 연락이 뜸했던 지인들에게 안부 전화를 해보는 것도 좋을 것 같네요.

준비물

주재료

명함 꽂이(나무나 철제 반제품), 냅킨, 클레이, 모델링 페이스트

부재료

냅킨 글루, 스파클 냅킨 글루, 젯소, 붓, 그로스 바니시, 마스킹 테이프

물감

아크릴 물감: 흰색

작업 과정

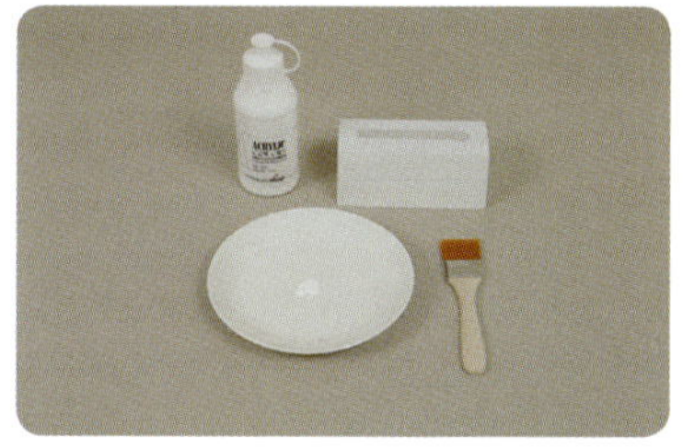

01 명함 꽂이 반제품에 사포 작업을 한 후, 젯소칠을 1~2회 하고 말립니다. 바탕색으로 사용할 흰색 아크릴 물감을 준비합니다.

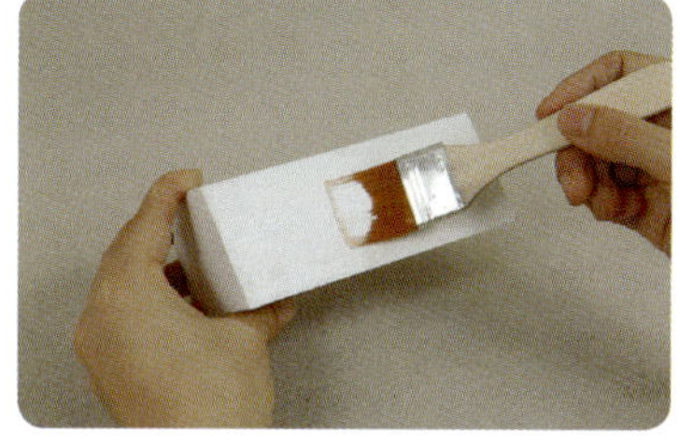

02 명함 꽂이 전면에 흰색 아크릴 물감을 1~2회 칠합니다.

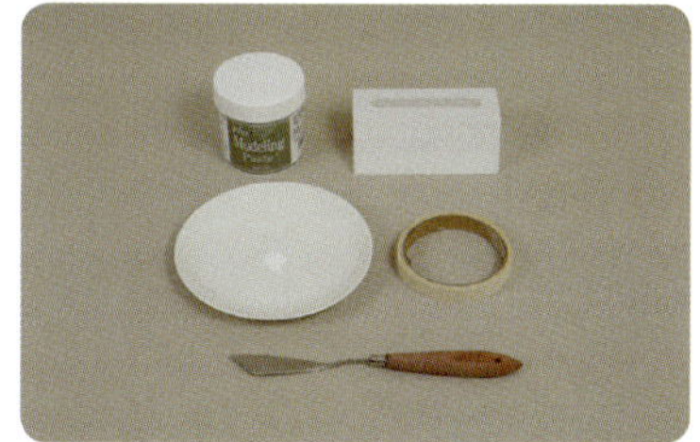

03 벽돌 기법에 사용할 모델링 페이스트를 준비합니다.

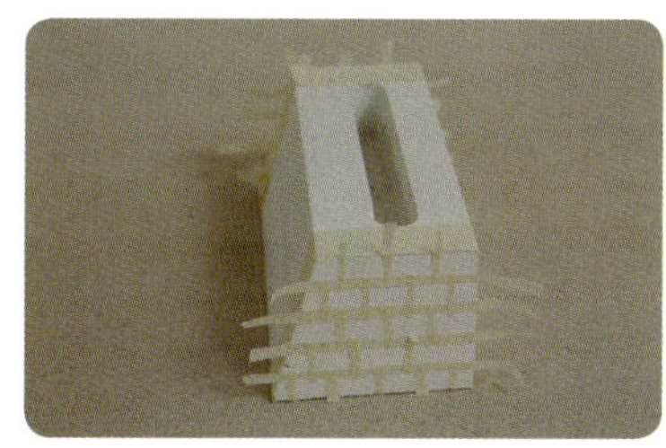

04 명함 꽂이 측면에 벽돌 모양의 틀을 잡기 위해 마스킹테이프를 그물 모양으로 엮어 붙입니다.

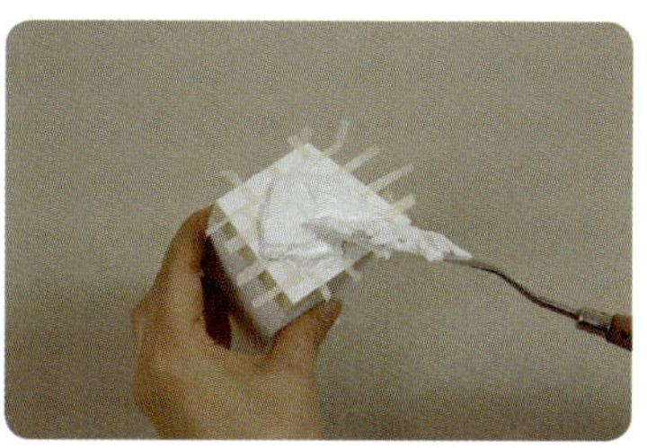

05 명함 꽂이 측면에 물감 나이프로 모델링 페이스트를 잘 펴바른 후, 1~2일 정도 충분히 자연 건조합니다.

06 충분히 건조된 상태에서 측면의 마스킹테이프를 떼어냅니다.

07 냅킨을 명함 꽂이 앞면의 높이에 맞춰 오린 후, 냅킨을 붙일 자리에 냅킨 글루를 칠합니다.

08 냅킨 글루를 칠한 자리에 냅킨을 올린 후, 물티슈로 살짝살짝 눌러가며 붙입니다.

09 명함 꽂이 전체에 반짝이는 느낌을 내기 위해 스파클 냅킨 글루를 1~2회 칠합니다.

10 명함 꽂이 입구 아래쪽에 붙일 장식용 냅킨 그림을 준비합니다. 준비한 냅킨 크기의 2/3 정도의 클레이를 냅킨 뒷면에 일정한 두께로 펴 붙입니다.

명함 꽂이 입구 아래쪽에 붙일 장식용 냅킨은 정면에 사용한 메인 그림과 어울리는 그림을 선택합니다. 가문(家紋)이나 엠블럼(Emblem) 같은 의미로 사용한 것입니다.

11 명함 꽂이 입구 아래쪽에 냅킨 글루를 칠하고 입체 기법을 적용한 냅킨을 붙입니다.

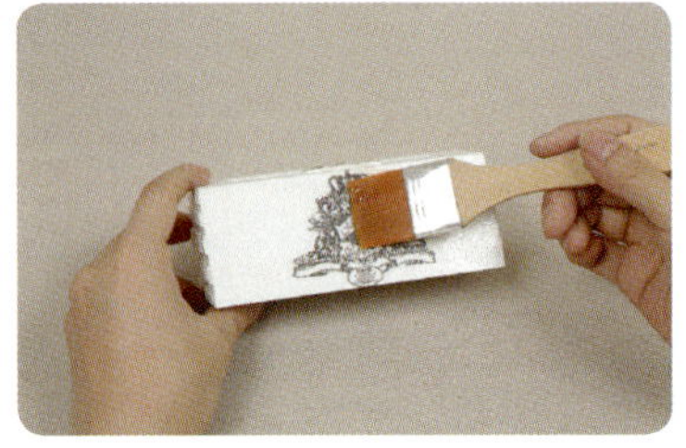

12 그로스 바니시를 명함 꽂이 전체에 1~2회 칠해 마감합니다.

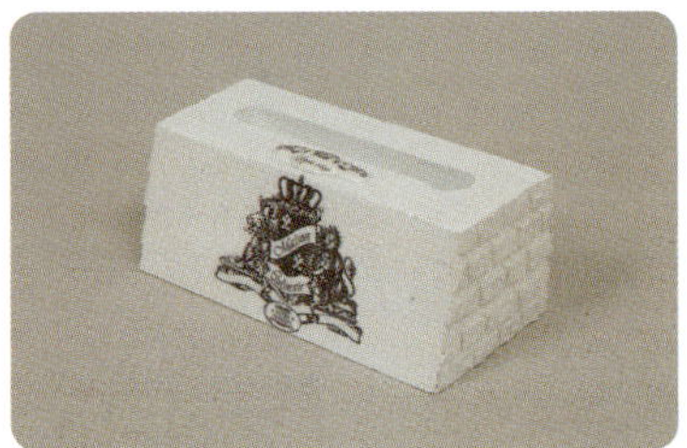

13 자연 건조하거나 드라이어로 잘 말려서 완성합니다.

추천 냅킨

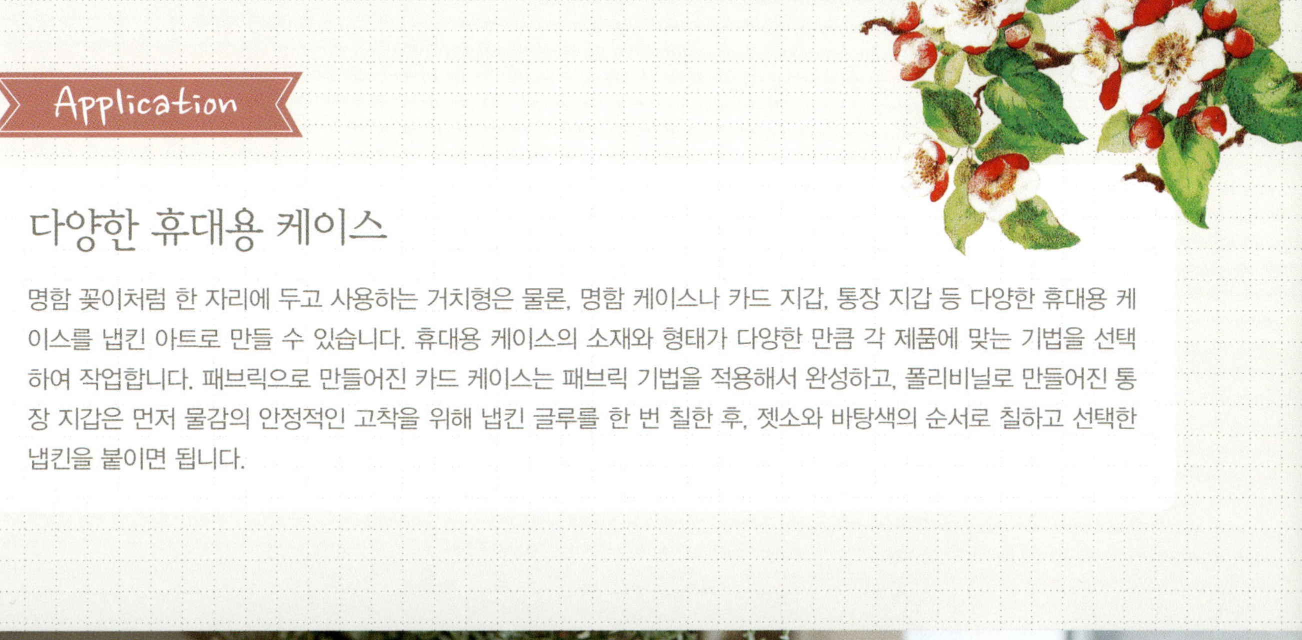

다양한 휴대용 케이스

명함 꽂이처럼 한 자리에 두고 사용하는 거치형은 물론, 명함 케이스나 카드 지갑, 통장 지갑 등 다양한 휴대용 케이스를 냅킨 아트로 만들 수 있습니다. 휴대용 케이스의 소재와 형태가 다양한 만큼 각 제품에 맞는 기법을 선택하여 작업합니다. 패브릭으로 만들어진 카드 케이스는 패브릭 기법을 적용해서 완성하고, 폴리비닐로 만들어진 통장 지갑은 먼저 물감의 안정적인 고착을 위해 냅킨 글루를 한 번 칠한 후, 젯소와 바탕색의 순서로 칠하고 선택한 냅킨을 붙이면 됩니다.

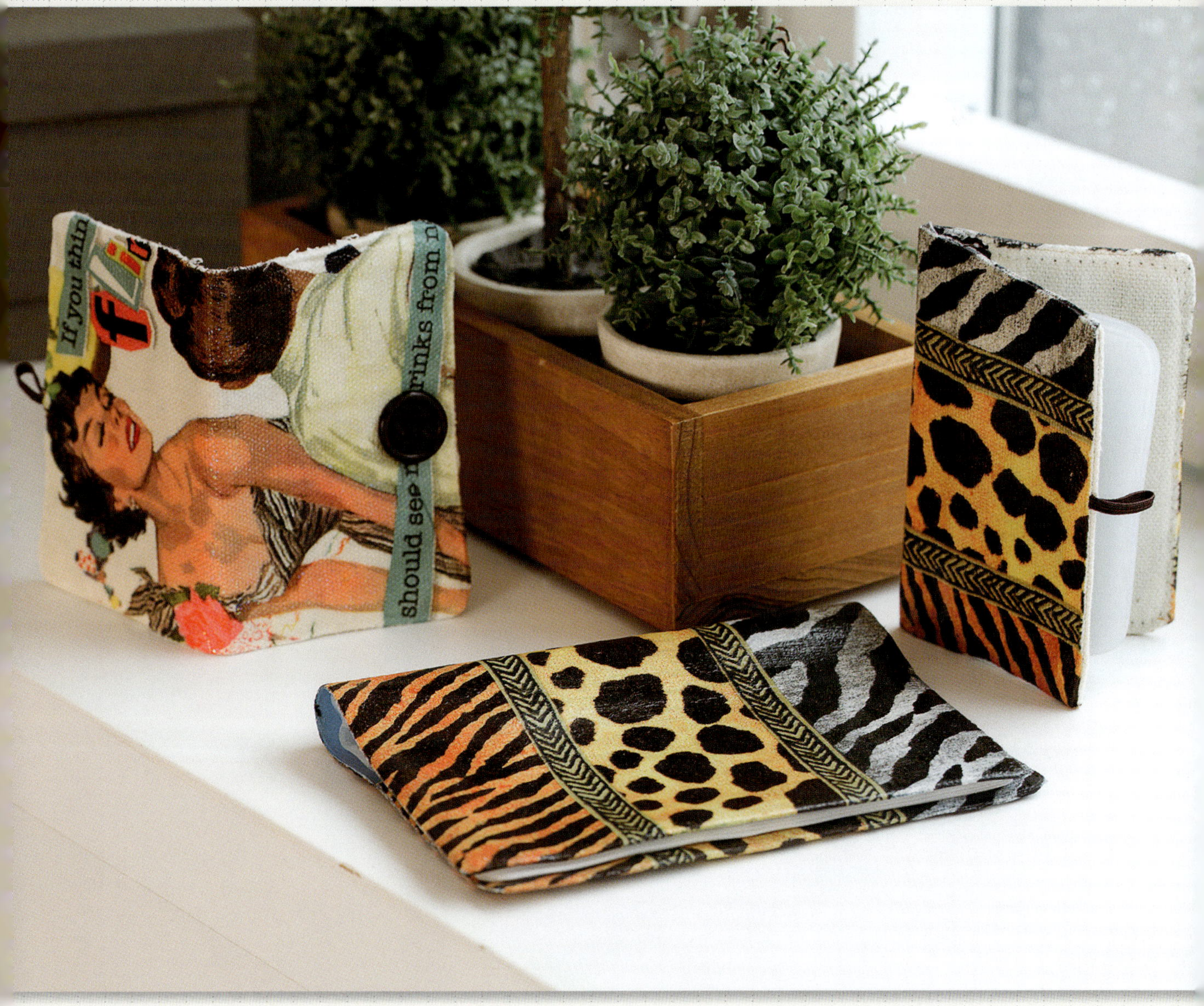

고흐의 〈해바라기〉

캔버스 액자

고흐의 〈해바라기〉 캔버스 액자

난이도 ★★☆
사용 기법　그러데이션 기법+수제 냅킨 기법
소요 시간　5시간

우리나라에서 가장 사랑받는 명화로 클림트의 〈키스〉를 꼽곤 합니다. 그러나 클림트처럼 전설적인 화가의 진품을 거실에 걸어두긴 어렵죠. 대신 명화 냅킨으로 분위기를 낼 수 있습니다. 이번 작품에는 고흐의 명화 〈해바라기〉를 담은 냅킨을 선택했습니다. 이렇게 멋진 명화 냅킨을 캔버스 액자로 만들어 우리 집 거실을 명화로 꾸며보거나 지인에게 선물해보면 어떨까요?

준비물

주재료

캔버스 액자, 냅킨

부재료

냅킨 글루, 스파클 냅킨 글루, 붓, 매트 바니시

물감

아크릴 물감: 흰색, 파란색

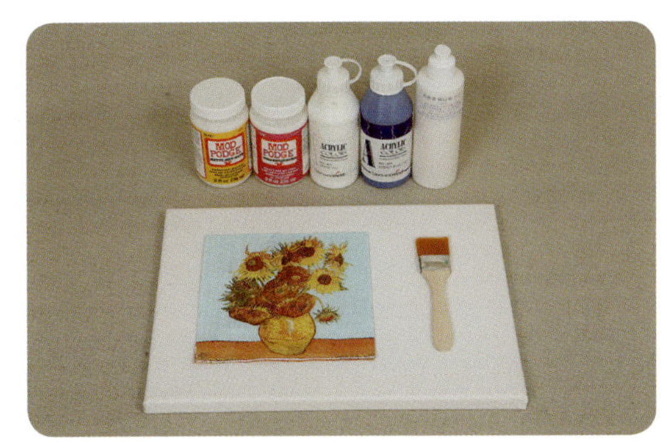

작업 과정

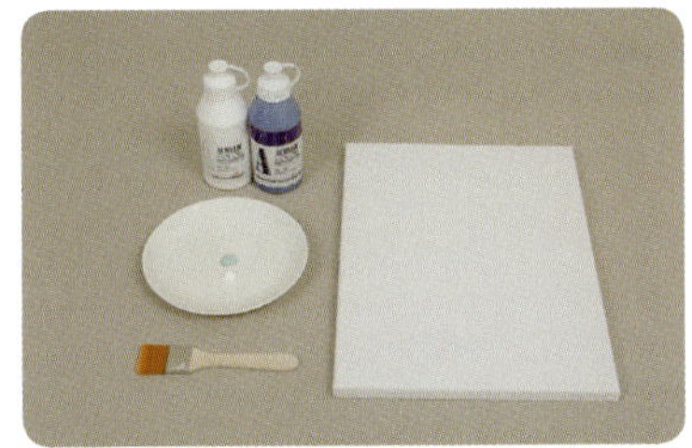

01 그러데이션 기법에 사용할 파란색, 흰색 아크릴 물감을 준비합니다.

02 먼저 캔버스 상단의 3~4cm 정도를 파란색 아크릴 물감으로 칠한 후, 흰색 아크릴 물감을 섞어 앞서 칠한 영역의 하단 1~2cm 정도에 겹쳐서 칠합니다.

03 같은 방법으로 흰색 아크릴 물감을 조금씩 더 섞어 색상이 차츰 옅어지는 그러데이션으로 표현되도록 캔버스 중앙까지 칠합니다. 이 작품에는 5단계 정도로 표현했습니다.

Tip

색을 미리 만들지 않고 작업하는 방법도 있습니다. 붓의 양쪽 끝에 칠하고자 하는 색과 흰색을 각각 찍어 붓질하면 경계가 덜 생겨 자연스러운 그러데이션을 얻을 수 있습니다.

04 냅킨을 캔버스에 붙일 모양으로 오린 후, 냅킨을 붙일 자리에 냅킨 글루를 조금씩 칠합니다.

05 냅킨 글루를 칠한 자리에 냅킨을 올려 한쪽을 고정한 후, 물티슈로 살짝살짝 눌러가며 붙입니다.

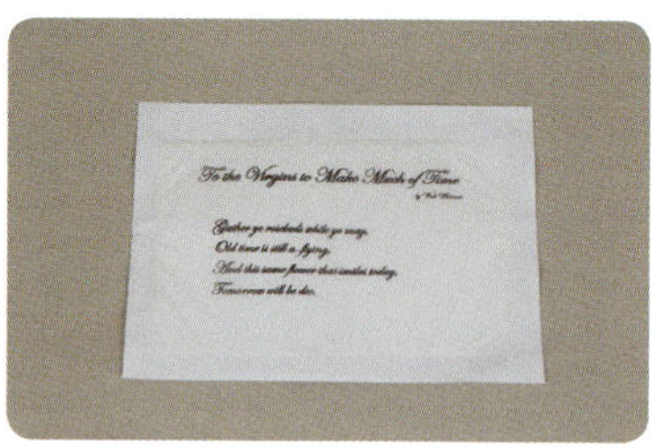

06 냅킨 마직막장에 좋아하는 시나 문구를 프린트해 수제 냅킨을 만듭니다.

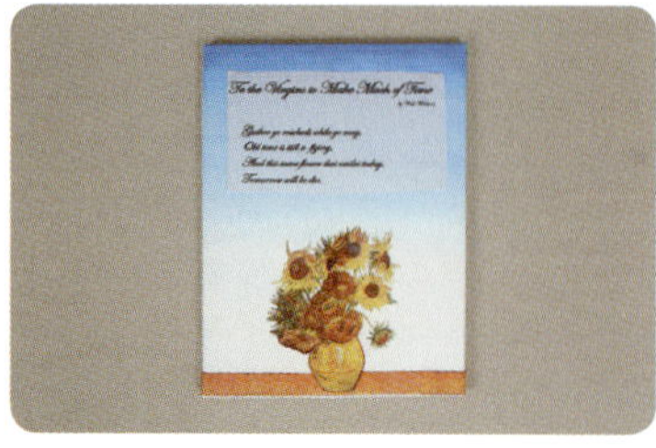

07 만들어진 수제 냅킨을 적당한 크기로 잘라 붙일 위치를 정합니다.

08 앞서 정한 위치에 냅킨 글루를 칠한 후, 냅킨을 올려 한쪽을 고정합니다.

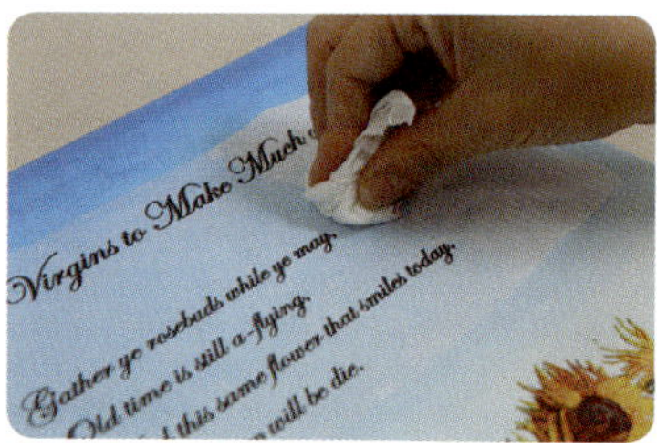

09 물티슈로 냅킨 표면을 살짝살짝 눌러가며 고르게 펴서 붙입니다.

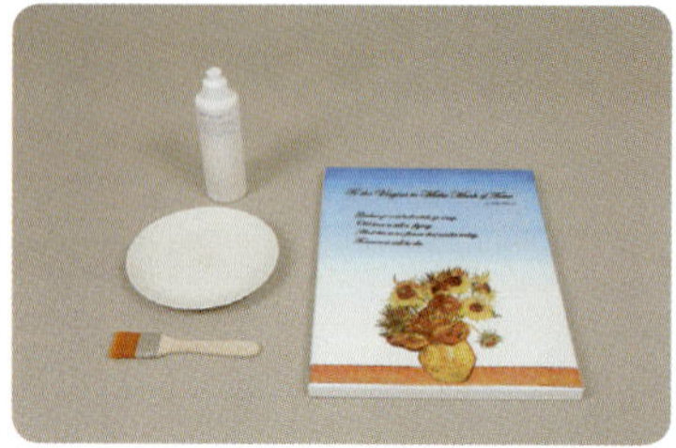

10 앞서 붙인 수제 냅킨까지 잘 마르면, 마감제인 매트 바니시를 준비합니다.

11 캔버스 전면에 매트 바니시를 1~2회 칠합니다.

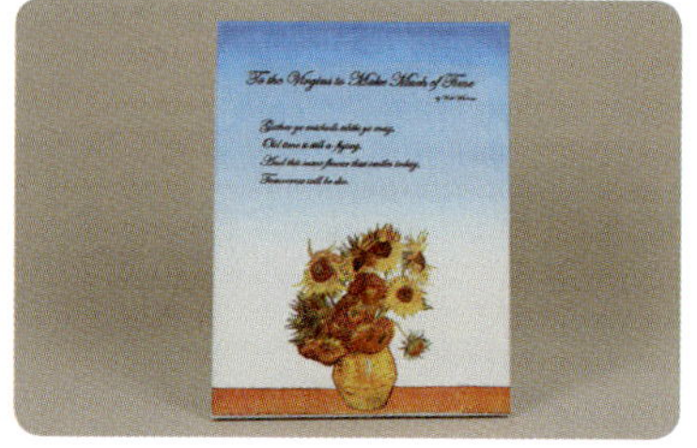

12 자연 건조하거나 드라이어로 잘 말려서 완성합니다.

추천 냅킨

작은 그림을 연결한 액자

집에 남은 얇은 합판에 따뜻한 그림의 냅킨을 붙이고, 냅킨 가장자리에 도자기 크랙 기법을 적용한 틀을 두르면 작은 액자를 만들 수 있습니다. 여기서는 냅킨 분위기에 맞춰 바탕색을 금색과 검은색을 섞어 칠하고 크랙제는 크림색으로 만들어 칠했지만, 바탕색에 보색을 선택해서 포인트를 줘도 좋습니다. 상단의 액자에는 도자기 크랙 베이스를 1회, 하단의 액자에는 2회 칠하고 만들었기 때문에 하단의 액자 크랙 크기가 더 크게 나타났습니다.

빈티지
깡통 연필꽂이

빈티지 깡통 연필꽂이

DVD | 03-03 빈티지 깡통 연필꽂이

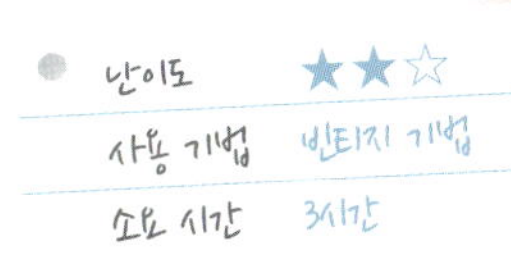

우리 학창 시절에는 연필 몇 자루와 지우개 정도면 충분했지만 요즘은 초등학생도 다양한 종류의 필기구를 사용합니다. 색연필, 사인펜, 형광펜, 네임펜, 젤펜 등 필기구가 너무 많다 보니 정리하는 것도 일입니다. 이럴 땐, 빈 통조림 캔을 빈티지한 느낌으로 꾸며 여기저기 흩어진 필기구를 담아보면 어떨까요? 정리는 물론 인테리어까지 되어 일석이조입니다.

준비물

주재료

통조림 캔, 냅킨

부재료

냅킨 글루, 젯소, 붓, 그로스 바니시

물감

아크릴 물감: 흰색, 검은색

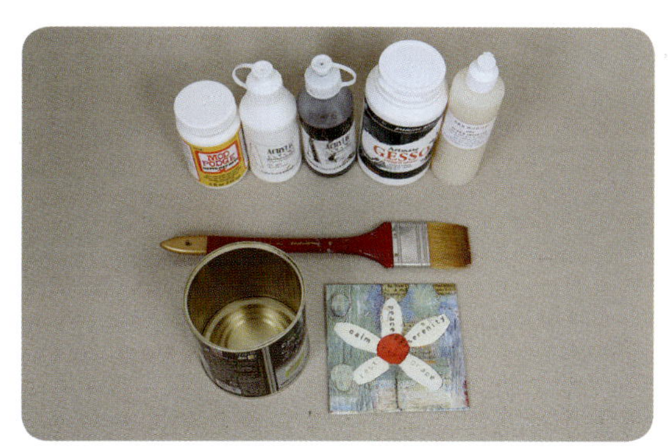

작업 과정

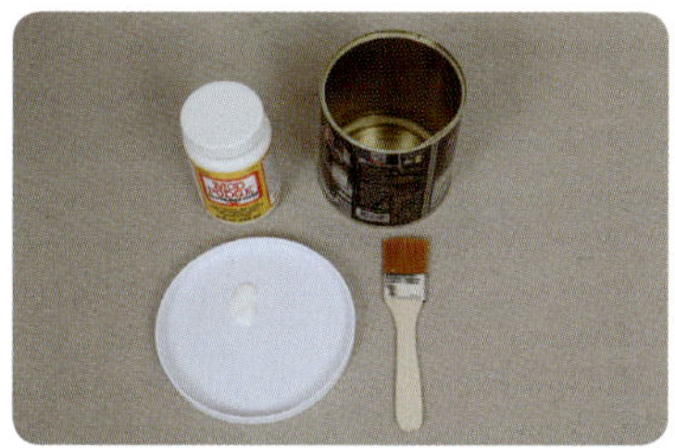

01 연필꽂이로 사용할 빈 캔과 냅킨 글루를 준비합니다.

02 바탕색이 잘 발리도록 캔 전면에 냅킨 글루를 1회 칠하고, 드라이어로 말립니다.

Tip

나무가 아닌 도자기, 유리, 철 등의 재료에 아크릴 물감이나 젯소를 칠하면 겉돌 수 있습니다. 이런 소재에 냅킨 아트 작업을 해야 할 경우에는 냅킨 글루를 먼저 칠한 후, 그 위에 젯소나 아크릴 물감을 칠하면 겉돌지 않고 안정적으로 잘 발립니다.

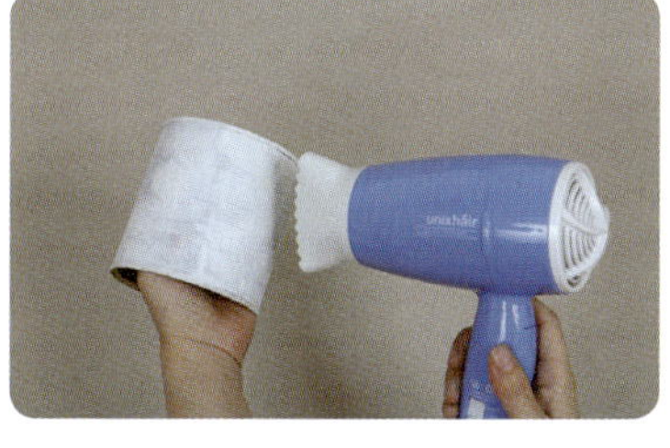

03 냅킨 글루가 잘 마르면, 캔 전면에 젯소칠을 하고 드라이어로 말립니다.

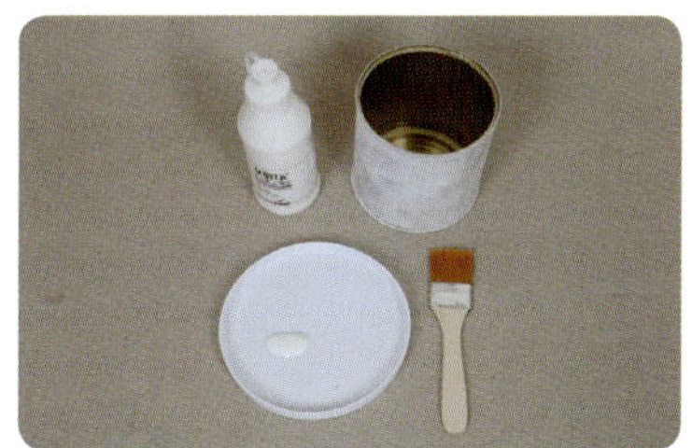

04 젯소가 잘 마르면, 바탕색으로 칠할 흰색 아크릴 물감을 준비합니다.

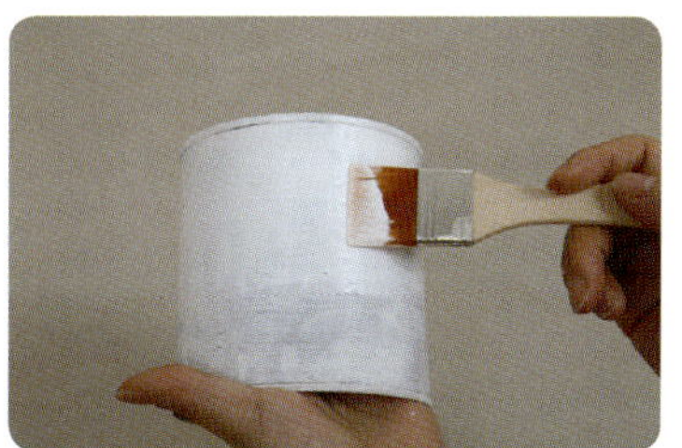

05 캔 전면에 흰색 아크릴 물감을 1~2회 칠합니다.

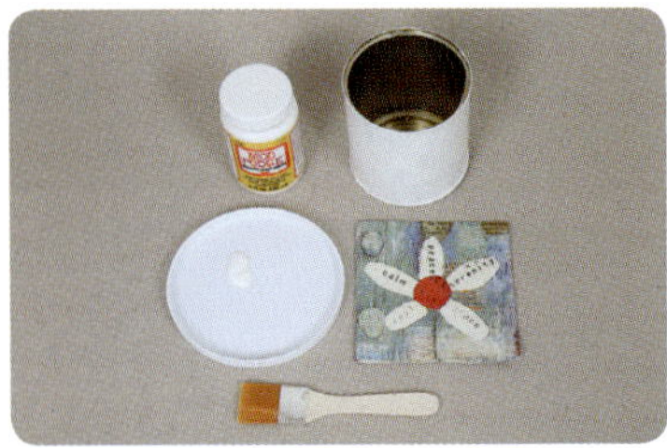

06 캔에 붙일 냅킨과 냅킨 글루를 준비합니다.

07 캔 크기를 감안하여 냅킨 위치를 잡아 냅킨을 꼼꼼하게 붙인 후, 드라이어로 잘 말립니다.

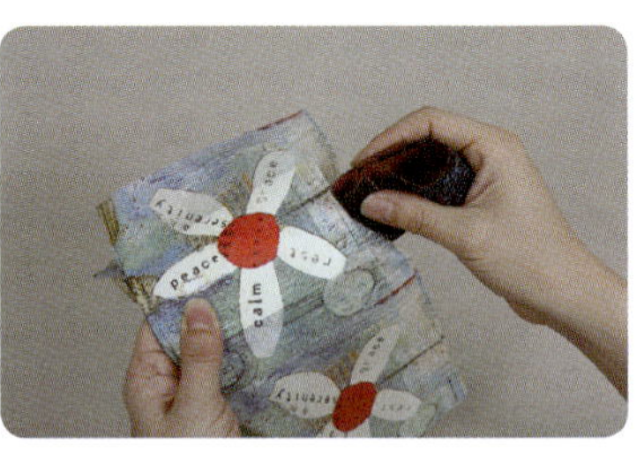

08 남은 여분의 냅킨은 경계를 사포로 살살 긁어내 정리합니다.

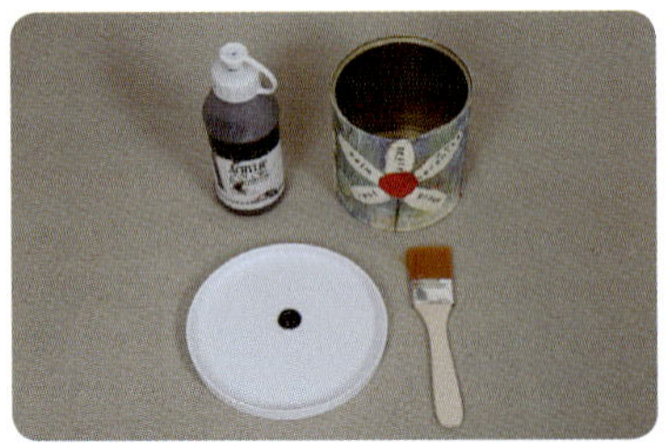

09 캔에 빈티지한 느낌을 내는 데 사용할 검은색 아크릴 물감을 준비합니다.

10 마른 붓에 검은색 아크릴 물감을 묻힌 후, 팔레트나 키친타월에 몇 번 문질러 붓에 묻은 물감의 양을 조절합니다.

11 물감의 양을 조절한 붓으로 캔 가장자리를 칠한 후, 캔 전체적으로 낡은 느낌이 나도록 중간 중간 붓질을 거칠게 합니다.

12 마감제인 그로스 바니시를 준비합니다.

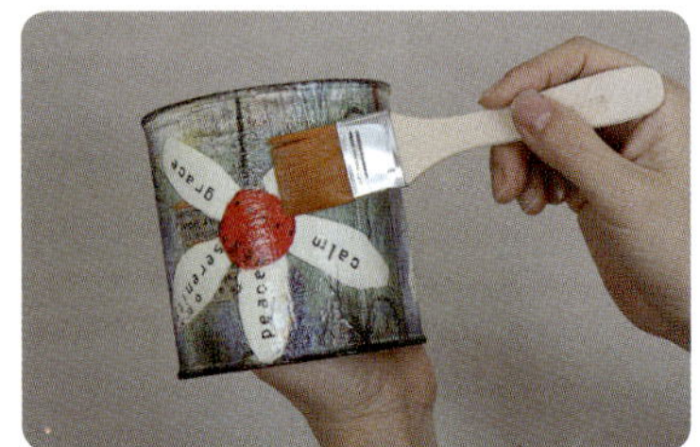

13 캔 전면에 그로스 바니시를 1~2회 칠합니다.

14 자연 건조하거나 드라이어로 잘 말려서 완성합니다.

추천 냅킨

다양한 깡통 연필꽂이

비슷한 느낌의 다른 냅킨을 같은 캔에 같은 기법으로 작업해서 한 세트로 꾸며봤습니다. 이렇게 작업한 캔을 긴 나무판 위에 글루건으로 여러 개 연결하면 필기구를 종류별로 분류해 한곳에 둘 수 있어 보기도 좋고 사용하기도 편하겠죠. 또한 캔 상단에 구멍을 뚫어 여러 개를 연결하면 미니 화분 꽂이로도 활용할 수 있습니다.

딸기를 가득 담은
스위치 커버

딸기를 가득 담은 스위치 커버

걸레로 틈틈이 닦아도 스위치 주변은 늘 지저분하죠. 특히 아이들이 흙 묻은 손으로 누르곤 하는 욕실 스위치 주변은 더욱 지저분해 늘 신경이 쓰입니다. 이럴 땐 예쁜 냅킨을 골라 산뜻한 스위치 커버를 만들어 가려보면 어떨까요? 지저분한 손때를 싹 가려주는 예쁜 디자인은 덤입니다.

준비물

주재료
스위치 커버, 냅킨, 알루미늄 호일, 클레이(흰색)

부재료
냅킨 글루, 스파클 냅킨 글루, 젯소, 붓, 스펀지, 그로스 바니시

물감
아크릴 물감: 흰색

작업 과정

TiP

스위키 커버 전면을 호일로 감싸기 때문에 젯소나 아크릴 물감은 칠하지 않아도 무방합니다.

01 스위치 커버 반제품에 사포 작업을 한 후, 젯소칠을 1~2회 하고 말립니다. 알루미늄 호일을 스위치 커버보다 크게 준비합니다.

02 제품 표면의 질감을 만들기 위해 손으로 호일을 적당히 구겼다 찢어지지 않도록 조심스럽게 폅니다.

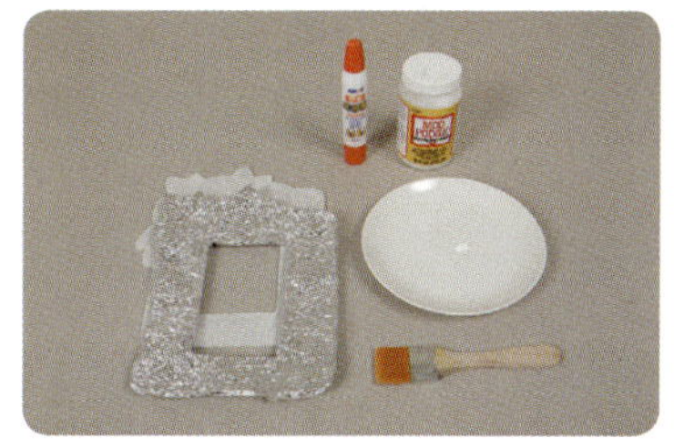

03 구김을 낸 호일로 스위치 커버를 감싸 모양을 잡습니다.

04 구김을 낸 호일로 감싼 스위치 커버 앞면과 뒷면의 모습입니다.

05 앞서 모양을 잡아둔 호일과 냅킨 글루, 목공용 풀을 준비합니다.

06 스위치 커버 앞면에 냅킨 글루를 골고루 칠하고, 접착력을 높이기 위해 중간 중간에 목공용 풀을 칠합니다.

07 모양을 잡아둔 호일을 스위치 커버에 붙입니다.

08 스위치 커버 바탕색으로 사용할 흰색 아크릴 물감을 준비합니다.

09 스위치 커버에 스펀지로 흰색 아크릴 물감을 1~2회 칠합니다.

10 냅킨의 딸기 그림에 입체감을 주기 위해 딸기 그림 뒷면에 클레이를 붙입니다.

11 오려둔 냅킨을 스위치 커버의 원하는 위치에 냅킨 글루로 붙입니다.

12 오려둔 냅킨을 스위치 커버의 원하는 위치에 냅킨 글루로 붙입니다.

13 냅킨이 잘 마르면 스위치 커버에 그로스 바니시를 1~2회 칠해 마감합니다.

14 자연 건조하거나 드라이어로 잘 말려서 완성합니다.

추천 냅킨

Application

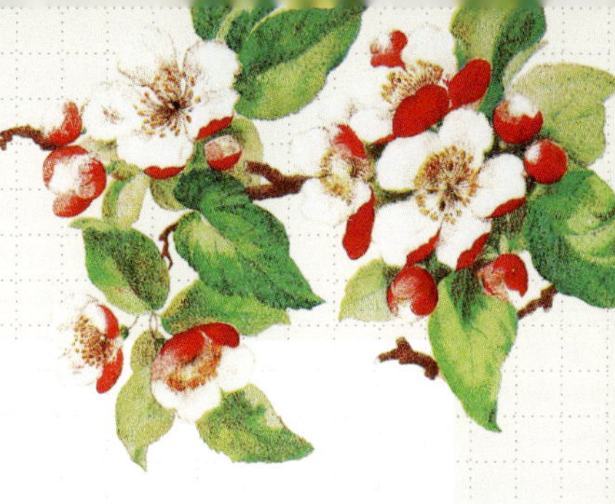

다양한 스위치 커버

각 방의 용도나 분위기에 맞는 냅킨으로 스위치 커버를 만들면 인테리어에 포인트를 줄 수 있습니다. 또한 서로 다른 냅킨 여러 장의 각 부분을 콜라주 형식으로 붙인 후, 물감이나 스탬프잉크로 가장자리를 칠하면 빈티지한 느낌을 낼 수 있습니다.

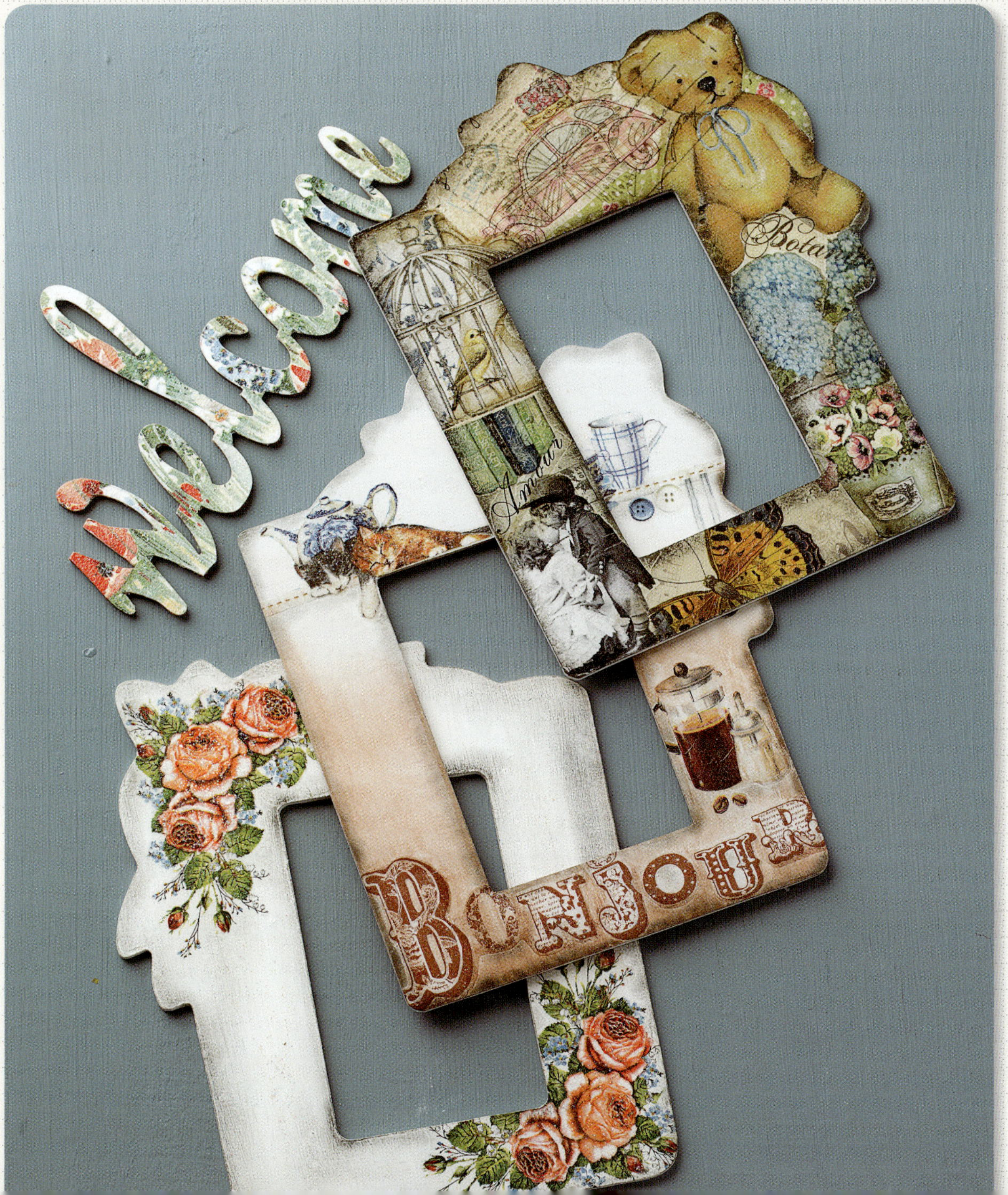

꽃밭을 덮은
두꺼비집 가리개

꽃밭을 덮은 두꺼비집 가리개

현관에 꽃이나 풍경을 담은 그림이 있으면 밝고 환한 기운을 불러들여 풍수의 기를 높일 수 있다고 합니다. 두꺼비집은 예쁘지 않은 모습으로 현관에 자리 잡고 있어 늘 신경이 쓰이죠. 그래서 두꺼비집을 꽃이나 풍경을 담은 예쁜 그림으로 덮어보려고 합니다. 풍수지리가 아니라도 현관에 들어설 때 멋지고 따뜻한 그림이 반겨준다면 기분이 참 좋겠죠?

준비물

주재료
종이 상자(35×27cm 정도), 냅킨, 모델링 페이스트, 콤브

부재료
냅킨 글루, 붓, 스펀지, 그로스 바니시

물감
아크릴 물감: 하얀색, 펄화이트색, 은색

작업 과정

01 종이 박스를 준비하여 가장자리 둘레에 마스킹테이프를 붙입니다.

Tip

종이 박스가 깨끗하지 않을 경우에는 종이 박스에 젯소를 칠한 후 흰색 아크릴 물감을 칠하는 과정이 필요합니다. 물감을 칠하는 대신 흰색이나 냅킨 바탕색과 동일한 천을 딱풀이나 패브릭 냅킨 글루를 이용해 붙인 후 작업해도 됩니다.

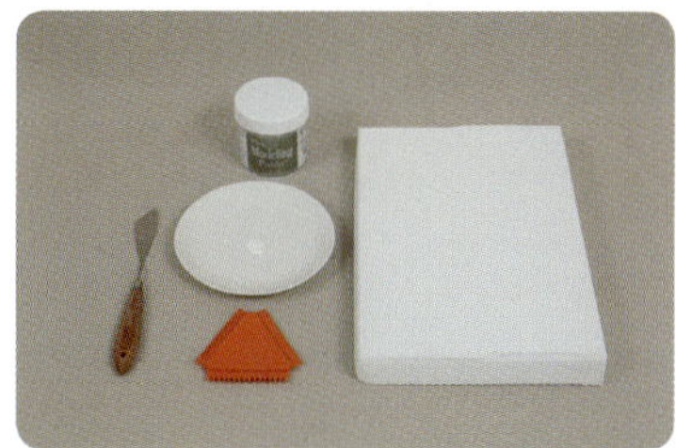

02 종이 박스 옆면에 콤브 기법을 적용하겠습니다. 이 과정에서 사용할 모델링 페이스트와 콤브를 준비합니다.

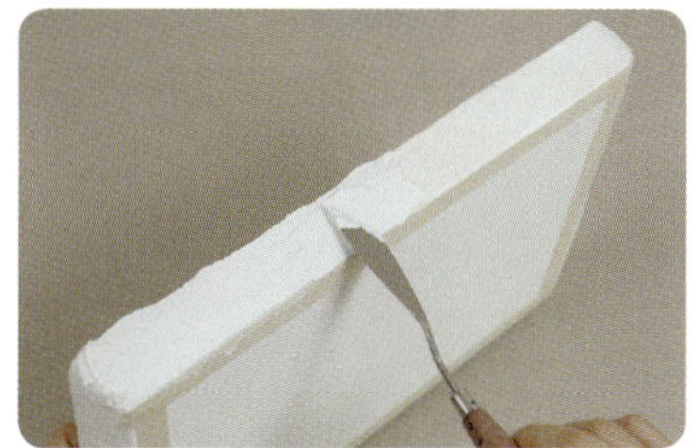

03 물감 나이프를 이용해 모델링 페이스트를 종이 박스 둘레의 4면에 고르게 펴바릅니다.

04 콤브를 물감 나이프나 팔레트에 닦아가면서 원하는 무늬를 만듭니다.

05 무늬를 다 만든 후, 종이 박스를 1~2일 정도 자연 건조(맑은 날씨일 때)하여 충분히 말립니다. 콤브 기법을 적용한 옆면에 칠할 은색 아크릴 물감을 준비합니다.

06 종이 박스 둘레에 스펀지로 은색 아크릴 물감을 1~2회 칠합니다.

07 냅킨에 부분적으로 입체감을 표현하겠습니다. 꽃처럼 입체로 연출하기 좋은 부분을 찾아 흰색 클레이를 붙입니다.

08 냅킨에서 입체감을 표현하고 싶은 곳에 클레이를 붙인 모습입니다.

09 종이 박스 한쪽 가장자리에 냅킨 글루를 칠한 후, 냅킨을 올려 한쪽을 고정합니다.

10 물티슈로 냅킨 표면을 살짝살짝 눌러가며 붙입니다.

11 종이 박스 전면에 그로스 바니시를 1~2회 칠해 마감합니다.

12 자연 건조하거나 드라이어로 잘 말려서 완성합니다.

추천 냅킨

다양한 모티브의 가방걸이

여자들은 카페 테이블에 앉자마자 백 놓을 자리부터 찾게 되죠. 이럴 때 휴대용 가방걸이가 있으면 참 편합니다. 우선 오려둔 냅킨에 클레이를 적당량 붙여 입체감을 준 후, 클레이가 속까지 완전히 건조될 때까지 기다립니다. 클레이가 겉만 마른 상태에서 가방걸이에 부착하면 나중에 공기가 들어가 곰팡이가 생길 수 있으므로 충분히 말려서 작업합니다. 단, 클레이가 건조되면서 수분이 빠지기 때문에 예상했던 입체감보다 약할 수 있는데, 클레이를 생각한 양보다 10~20% 정도 넉넉히 붙이면 원래 생각한 수준의 입체감을 낼 수가 있습니다. 마감제로 유광 바니시나 액체 유리를 칠하면 효과 만점입니다.

여행 앨범 느낌의
패브릭 벽걸이 포켓

여행 앨범 느낌의 패브릭 벽걸이 포켓

자동차 키나 출입 카드 등 가족이 함께 사용하는 자잘한 물건은 현관 근처에 보관하면 참 좋겠죠. 그래서 저는 패브릭 벽걸이 포켓를 만들어 현관 벽에 걸어두고 외출 시 필요한 물품을 보관하고 있습니다. 덕분에 자잘한 물건은 물론, 아이들 준비물도 꽂아두면 잊어버릴 일이 없어 정말 좋습니다.

준비물

주재료

벽걸이 포켓(반제품), 냅킨

부재료

패브릭 냅킨 글루, 붓, 필기구, 커터 칼

물감

아크릴 물감: 갈색

작업 과정

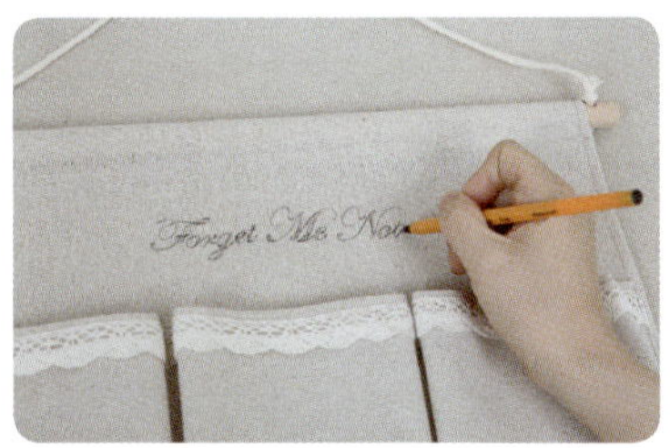

01 벽걸이 포켓 반제품에 필기구로 원하는 메시지를 씁니다. 이 작품에는 'Forget Me Not'을 적었습니다.

02 벽걸이 포켓에 붙일 냅킨과 패브릭 냅킨 글루를 준비합니다.

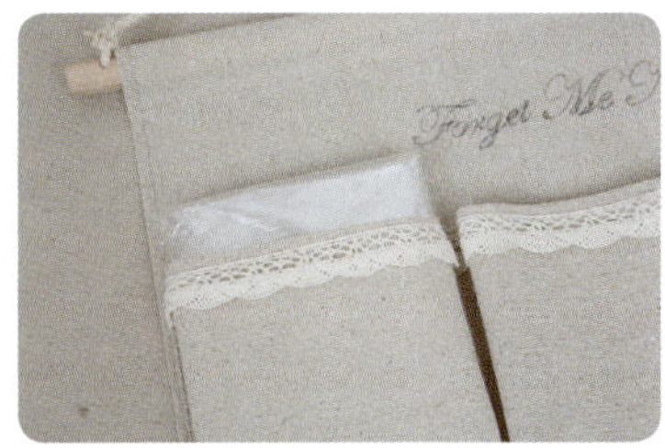

03 패브릭 냅킨 글루가 안쪽에 스며들지 않도록 포켓에 비닐을 넣어둡니다.

04 벽걸이 포켓에 준비한 냅킨을 붙입니다. 먼저 넓은 면부터 붙이고 드라이어로 말린 후, 포켓과 포켓 사이 접힌 부분에 냅킨 글루를 칠하고 나머지 냅킨을 붙입니다.

05 냅킨을 다 붙인 후 드라이어로 잘 말립니다.

06 커터 칼로 여분의 냅킨에 아주 살짝 칼집을 넣고 손으로 떼어내며 정리합니다. 칼집을 넣을 때 천까지 잘리지 않도록 조심합니다.

07 내구성을 강화하기 위해 패브릭 냅킨 글루를 냅킨 전면에 한 번 더 칠합니다.

08 세필 붓에 갈색 아크릴 물감을 묻혀 상단 중앙에 써둔 문구 위에 덧그립니다.

09 자연 건조하거나 드라이어로 잘 말려서 완성합니다.

추천 냅킨

Application

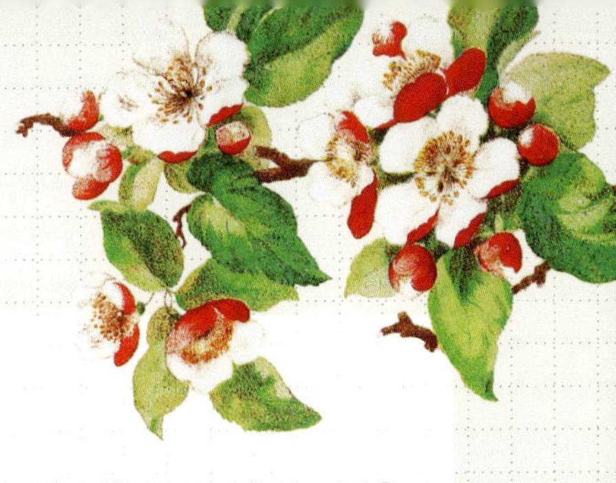

청바지 벽걸이 포켓

못 입는 청바지를 재활용해서 벽걸이 포켓을 만들면 어떨까요? 여기서는 어두운 배경을 이용하여 겨울밤 느낌을 연출해보겠습니다. 우선 청바지의 일부를 벽걸이 스타일로 만든 후, 패브릭 기법을 이용하여 냅킨을 붙이고 스텐실로 글자를 찍습니다. 그 주위에 흰색 패브릭 물감이나 아크릴 물감으로 눈꽃을 그려 눈 오는 밤 느낌을 연출합니다. 글자와 냅킨 그림의 지붕, 쌓인 눈에 스파클 냅킨 글루를 바르면 눈 오는 느낌을 강조할 수 있습니다.

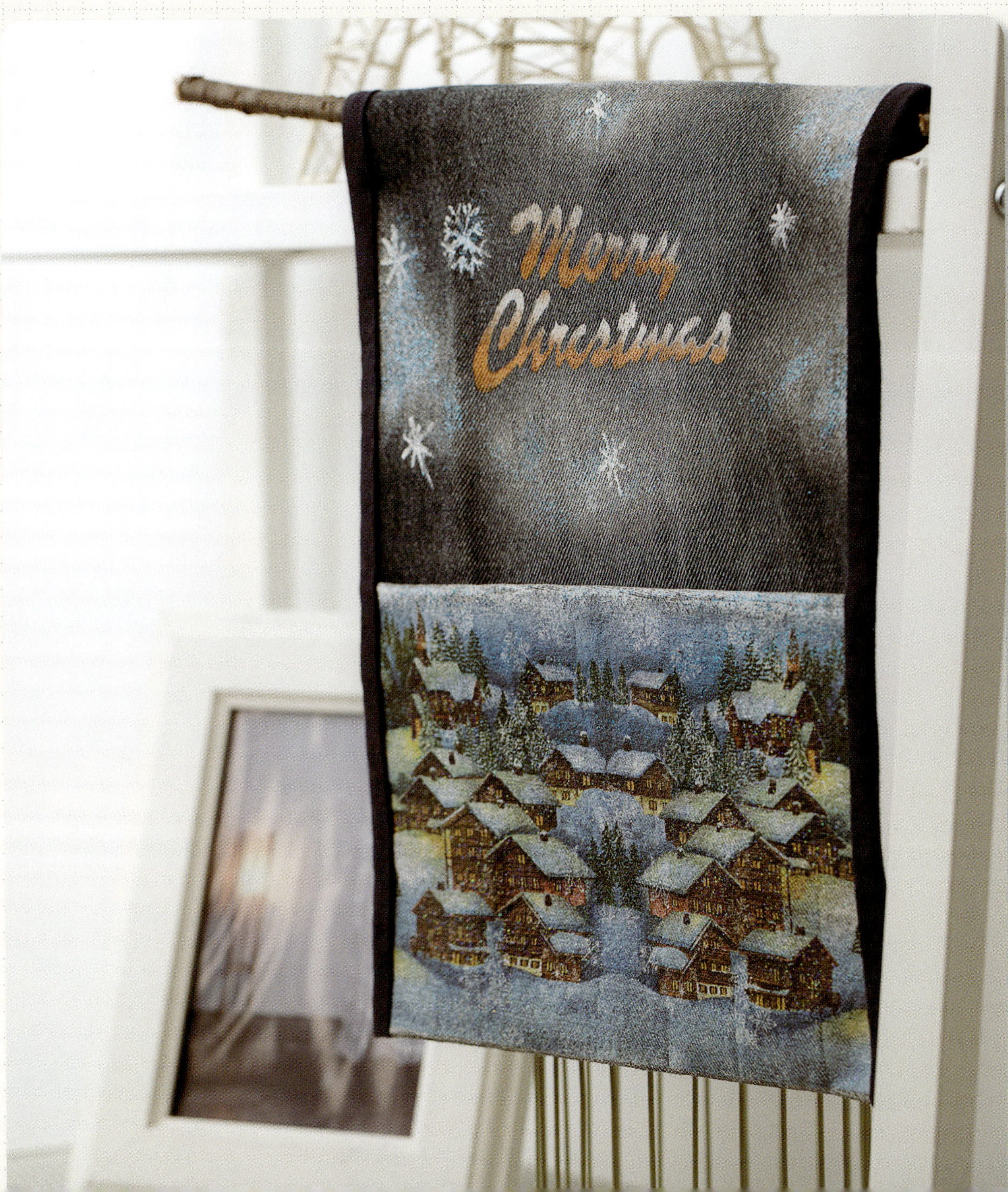

13
장미꽃 패턴
도어 스토퍼

장미꽃 패턴 도어 스토퍼

<table>
<tr><td>난이도</td><td>★★☆</td></tr>
<tr><td>사용 기법</td><td>빈티지 기법</td></tr>
<tr><td>소요 시간</td><td>2시간</td></tr>
</table>

여름 저녁, 집안의 문을 모두 열어 환기를 시키다 보면 방문이 쾅 하고 닫혀 놀라기 일쑤죠. 그래서 보이는 대로 책이나 신문지 등을 방문에 괴어놓기도 했는데 이제는 그럴 필요가 없습니다. 예쁜 꽃무늬 도어 스토퍼가 있기 때문이죠.

준비물

주재료

도어 스토퍼(반제품), 냅킨

부재료

냅킨 글루, 사포, 붓, 스펀지, 매트 바니시

물감

아크릴 물감: 흰색

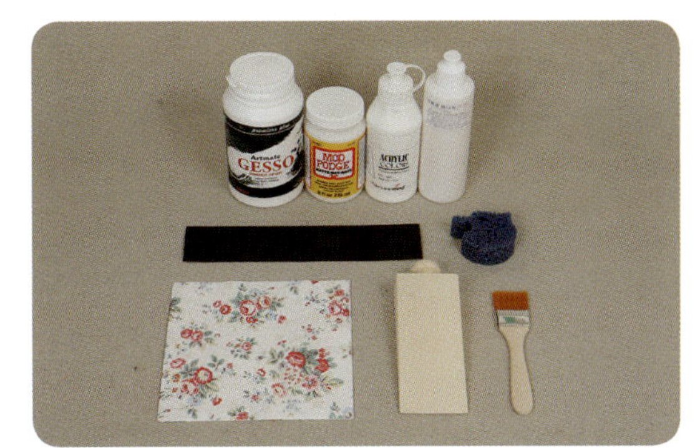

작업 과정

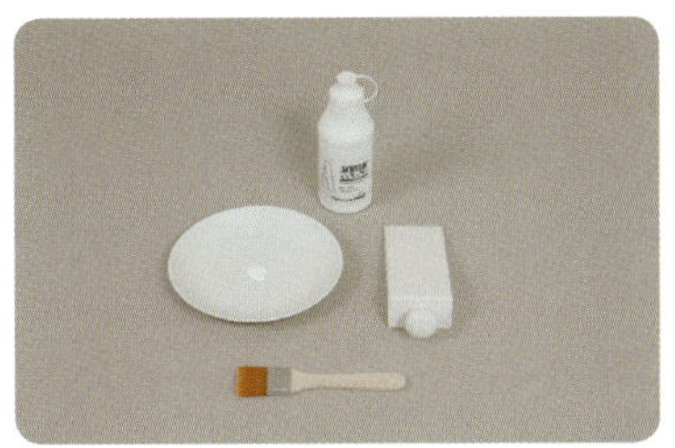

Tip

완성품에서 칠이 벗겨진 부분이 검은색으로 나타나길 원한다면, 젯소칠을 한 후에 모서리 부분 등 원하는 부분에 검은색 아크릴 물감을 칠한 후 잘 말립니다. 다 마르면 검은색 아크릴 물감을 칠한 부분에 양초를 칠한 후, 바탕색을 칠하고 냅킨을 붙여 모서리 부분을 사포로 살짝 벗겨내면 또 다른 빈티지한 느낌을 낼 수 있습니다.

01 도어 스토퍼 반제품에 사포 작업을 한 후, 젯소칠을 1~2회 하고 말립니다. 바탕색으로 사용할 흰색 아크릴 물감을 붓으로 1~2회 칠하고 말립니다.

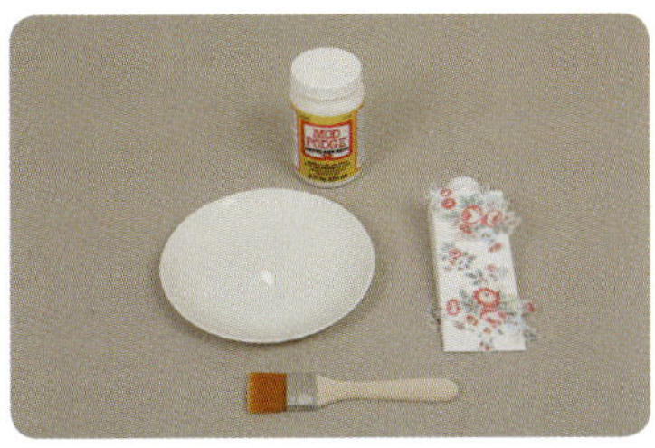

02 도어 스토퍼에 붙일 모양으로 오려 둔 냅킨과 냅킨 글루를 준비합니다.

03 도어 스토퍼에 오려둔 냅킨 크기만큼 냅킨 글루를 칠하고 원하는 위치에 냅킨을 붙입니다.

04 물티슈로 살짝살짝 눌러가면서 냅킨을 붙입니다.

05 냅킨을 다 붙이고 잘 말린 후, 여분의 냅킨을 사포로 살살 긁어내 정리합니다.

06 빈티지한 느낌을 내기 위해 도어 스토퍼의 모서리 및 손잡이의 군데군데를 사포로 살짝 긁어냅니다.

07 마감제인 매트 바니시를 준비합니다.

오래된 느낌이나 낡은 느낌을 낼 때는 매트 바니시를 사용하는 것이 효과적이고, 광택을 내야 하는 곳에는 그로스 바니시를 사용합니다. 분위기나 용도에 맞춰 바니시를 선택하면 더 멋지게 마무리할 수 있습니다.

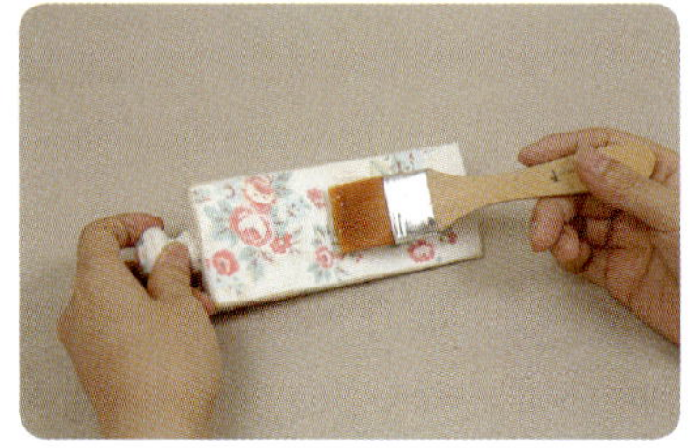 

08 도어 스토퍼에 매트 바니시를 1~2회 칠합니다.

09 자연 건조하거나 드라이어로 잘 말려서 완성합니다.

추천 냅킨

다양한 도어 스토퍼

도어 스토퍼는 형태와 가격은 물론 나무, 실리콘, 플라스틱 등 소재도 다양합니다. 냅킨 아트를 이용한 장식적인 목적까지 생각한다면 나무로 된 제품을 추천합니다. 또한 소재가 같더라도 다른 냅킨을 선택하여 작업하면 또 다른 분위기를 낼 수 있습니다. 아이방에 놓을 도어 스토퍼는 귀여운 토끼가 그려진 냅킨으로 귀엽게 만들어보면 어떨까요?

화장품 정리함

티타임 화장품 정리함

난이도 ★★☆
사용 기법 빈티지 기법
소요 시간 8시간

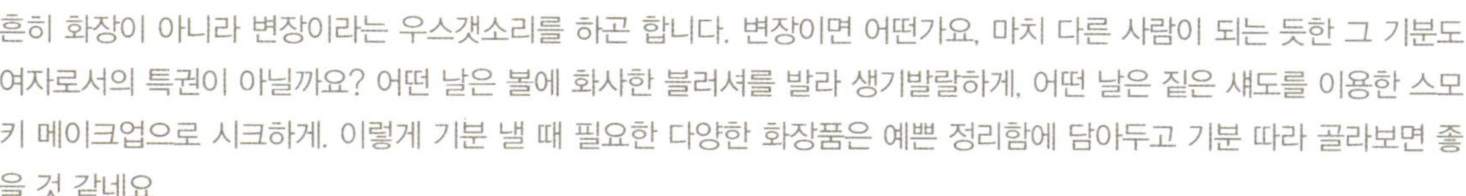

흔히 화장이 아니라 변장이라는 우스갯소리를 하곤 합니다. 변장이면 어떤가요, 마치 다른 사람이 되는 듯한 그 기분도 여자로서의 특권이 아닐까요? 어떤 날은 볼에 화사한 블러셔를 발라 생기발랄하게, 어떤 날은 짙은 섀도를 이용한 스모키 메이크업으로 시크하게. 이렇게 기분 낼 때 필요한 다양한 화장품은 예쁜 정리함에 담아두고 기분 따라 골라보면 좋을 것 같네요.

준비물

주재료

화장품 정리함(반제품), 냅킨

부재료

냅킨 글루, 젯소, 붓, 스펀지, 매트 바니시

물감

아크릴 물감: 흰색, 파란색, 검은색

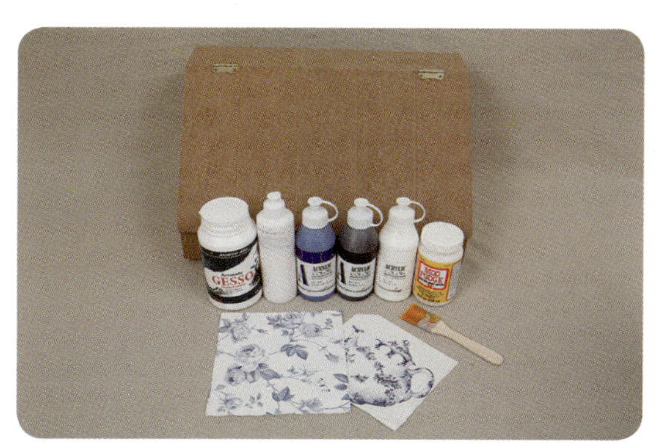

작업 과정

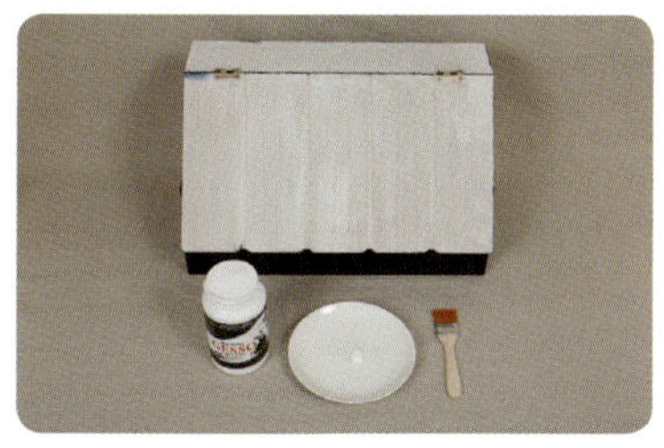

01 화장품 정리함 반제품에 사포 작업을 한 후, 젯소칠을 1~2회 하고 말립니다.

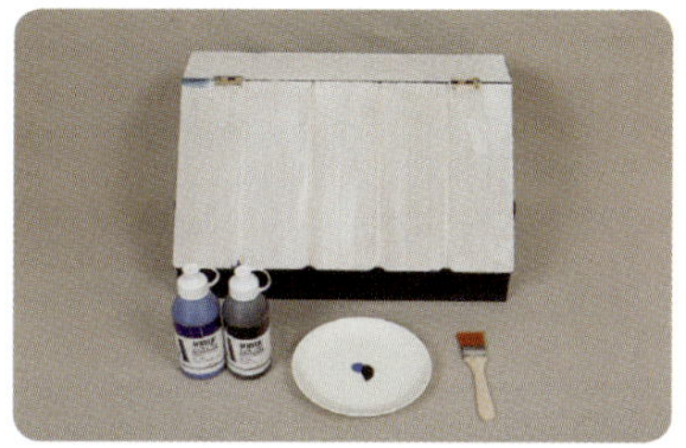

02 바탕색으로 사용할 파란색, 검은색 아크릴 물감을 준비합니다.

Tip

빈티지 기법에 사용하는 붓은 붓모가 부드러운 것보다 약간 뻣뻣한 것이 효과내기에 좋습니다. 오래 사용해서 거칠어진 붓을 사용하는 것도 좋은 방법입니다.

03 파란색, 검은색 아크릴 물감을 혼합하여 암청색을 만든 후, 붓으로 화장품 정리함 안팎을 1~2회 칠하고 말립니다.

04 빈티지 기법에 사용할 흰색 아크릴 물감을 준비합니다.

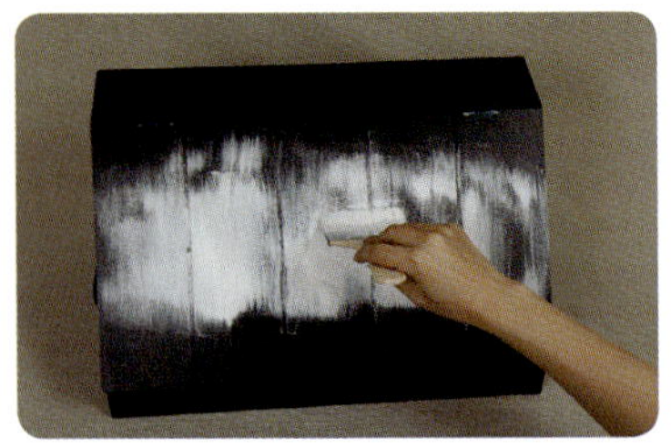

05 물을 섞지 않은 흰색 아크릴 물감을 화장품 정리함 뚜껑과 측면에 여러 차례 거칠게 칠합니다.

06 채색 방향은 모든 면의 중앙에서 바깥으로 진행되도록 하고, 가장자리는 바탕색이 은근히 보이도록 칠합니다.

07 경첩 부분은 끝부분에만 살짝 칠해 빈티지한 느낌이 나도록 연출합니다.

08 화장품 정리함에 사용할 냅킨을 오려서 준비합니다. 우선 주전자는 화병처럼 연출하기 위해 손잡이와 주둥이, 뚜껑을 모두 오려내 몸체만 남기겠습니다.

09 꽃은 화병에 담긴 것처럼 연출하기 위해 꽃과 가지 부분이 연결된 상태로 꼼꼼하게 오립니다. 그 외에도 찻잔이나 풀 등을 함께 오려둡니다.

10 이렇게 준비한 냅킨을 화장품 정리함 뚜껑 위에서 위치를 잡습니다.

11 냅킨 글루로 오려둔 냅킨들의 위치를 잡아 꼼꼼히 붙입니다.

12 손잡이 부분에도 꽃으로 포인트를 줍니다. 왼쪽 손잡이에는 위쪽에 붙여 포인트를 주었습니다.

13 오른쪽 손잡이에는 아래쪽에 붙여 포
인트를 주었습니다.

14 마감제인 매트 바니시를 준비합니다.

15 화장품 정리함 전면에 매트 바니시를
1~2회 칠합니다.

16 자연 건조하거나 드라이어로 잘 말려
서 완성합니다.

추천 냅킨

15
핑크로즈 모티브
원목 빗거울 세트

핑크로즈 모티브 원목 빗거울 세트

요즘 딸아이가 외모에 부쩍 관심이 많아졌습니다. 틈만 나면 거울을 들여다보며 머리를 빗네요. 그래서 이번에는 딸을 위한 손거울과 머리빗을 꾸며볼까 합니다. 둥근 모양에 예쁜 꽃으로 포인트를 준 화사한 빗거울 세트는 엄마의 센스가 가득 담긴 멋진 선물이 되겠죠?

준비물

주재료

둥근 머리빗과 거울(반제품), 냅킨, 호일, 양초

부재료

냅킨 글루, 스파클 냅킨 글루, 큐빅 스티커, 젯소, 붓, 매트 바니시

물감

아크릴 물감: 흰색

작업 과정

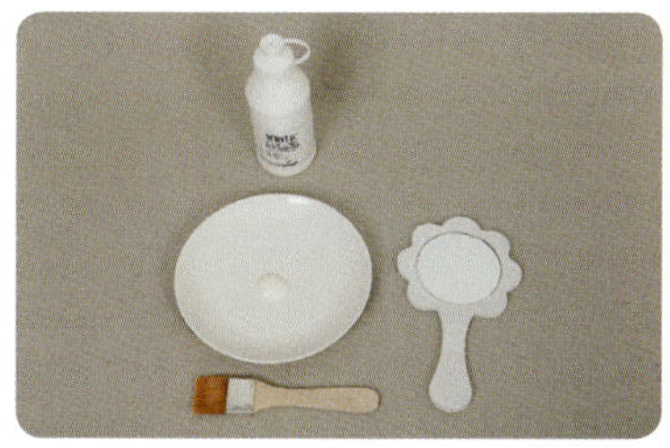

01 거울 반제품의 나무 부분에 사포 작업을 한 후, 젯소칠을 1~2회 하고 말립니다. 바탕색으로 사용할 흰색 아크릴 물감을 준비합니다.

02 거울의 나무 부분에 흰색 아크릴 물감을 1~2회 칠한 후 말립니다. 거울에 묻은 아크릴 물감은 물티슈로 닦아가며 작업합니다.

03 대리석 기법에 사용할 호일과 양초를 준비합니다.

04 양초에 불을 붙이고 호일을 심지 근처에 대면 그을음이 생깁니다. 그을음이 올라올 때 거울 뒷면을 대고 움직이면서 대리석 무늬를 만듭니다.

05 그을음을 이용해 대리석 기법을 적용한 거울의 모습입니다.

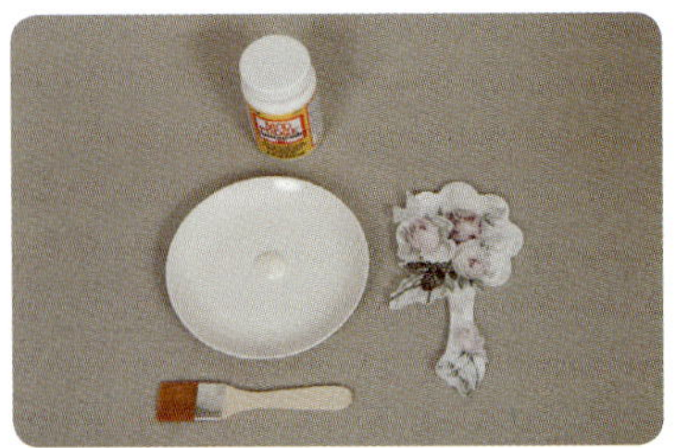

06 거울의 나무 부분에 붙일 모양으로 오려둔 냅킨과 냅킨 글루를 준비합니다.

07 오려둔 냅킨 크기만큼 거울의 나무 부분에 냅킨 글루를 칠한 후, 냅킨을 올려 한쪽 끝부분을 고정합니다.

08 물티슈로 냅킨 표면을 살짝살짝 눌러가며 고르게 펴서 붙입니다.

09 잘 말린 후 여분의 냅킨을 사포로 긁어내 정리합니다.

10 붓으로 거울의 나무 부분에 스파클 냅킨 글루를 칠하고 말립니다.

11 장식을 위해 준비한 큐빅 스티커를 거울 둘레에 붙입니다.

12 거울의 나무 부분에 그로스 바니시를 1~2회 칠해 마감합니다. 자연 건조하거나 드라이어로 잘 말립니다.

13 완성한 거울 앞뒷면입니다.

14 둥근 머리빗도 거울과 동일한 방법으로 작업합니다.

추천 냅킨

캐스 키드슨 스타일 소품

거울과 빗 제품의 양면에 냅킨 작업을 할 때에는, 냅킨을 전체 크기에 맞춰서 오리되 냅킨 글루는 나무 부분에만 칠해서 붙이는 것이 좋습니다. 잘 말린 후 붓에 물을 묻혀 냅킨에 발라 뜯어내기만 하면 깨끗하게 정리되기 때문입니다. 여기에 라인 스티커를 활용하면 정리와 장식을 한 번에 할 수 있어 효과적입니다. 또한 다양한 소품을 동일한 패턴의 냅킨으로 작업하면 통일감이 생겨 세트처럼 연출할 수 있습니다. 여기서는 분홍 바탕의 꽃무늬 패턴 냅킨을 선택하여 캐스 키드슨 스타일로 연출해보았습니다.

퀸 펜던트
모티브 보석함

퀸 펜던트 모티브 보석함

요즘은 액세서리 종류도 다양하고, 남녀를 가리지 않고 사랑받는 것 같습니다. 금속 귀걸이나 목걸이는 물론 매듭 팔찌, 가죽 팔찌 같은 개성 있는 액세서리도 눈에 자주 띄네요. 그동안 모아둔 다양한 액세서리를 망가지지 않도록 잘 보관할 수 있는 보관함을 만들어보면 어떨까요? 액세서리 못지않은 멋진 디자인으로 말이죠.

준비물

주재료

보석함(반제품), 냅킨, 도자기 크랙제

부재료

냅킨 글루, 스파클 냅킨 글루, 라인 스티커(금색), 젯소, 붓, 유성 바니시(PU7), 스탬프, 잉크 패드

물감

아크릴 물감: 흰색, 노란색, 금색, 초록색, 검은색

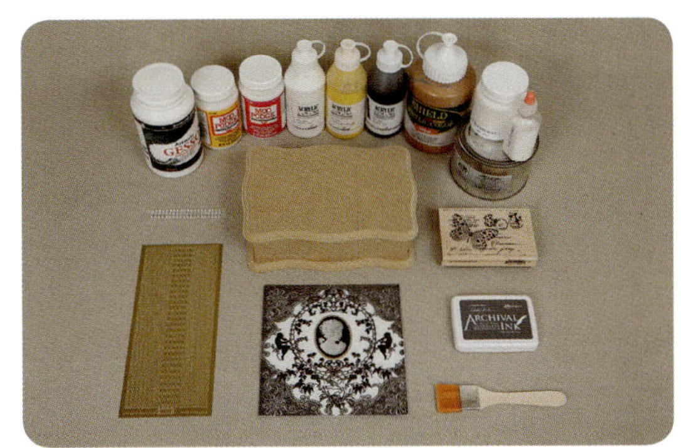

작업 과정

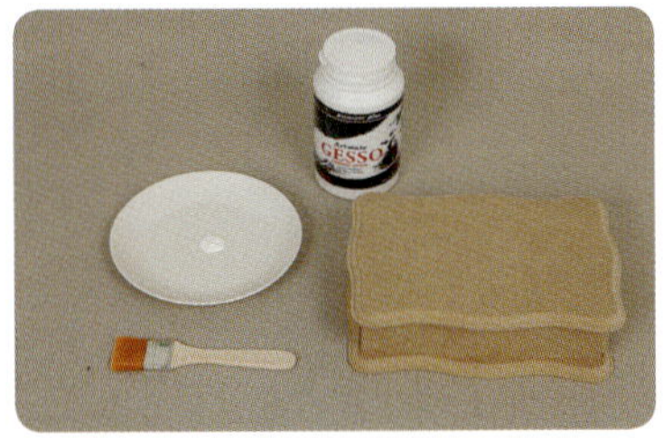

01 보석함 반제품에 사포 작업을 한 후, 젯소칠을 1~2회 하고 말립니다.

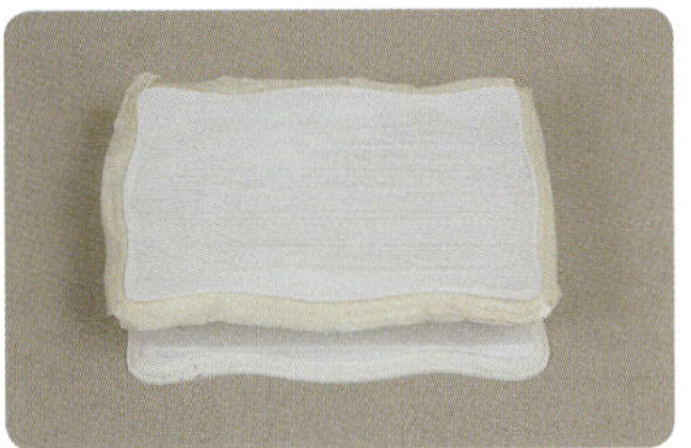

02 젯소칠을 마치면 바탕색을 칠할 때 물감이 묻지 않도록 보석함 뚜껑 둘레에 마스킹 테이프를 붙입니다.

Tip

보석함 뚜껑 둘레에는 바탕색보다 옅은 색을 칠할 예정이므로 바탕색이 묻으면 덧칠해도 흔적이 남을 수 있습니다. 그러므로 작업 전 마스킹테이프를 붙여두면 바탕색을 편하게 칠할 수 있습니다.

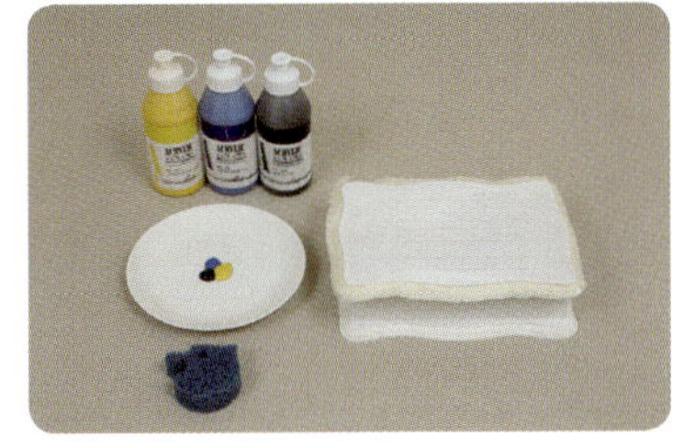

03 바탕색으로 사용할 노란색, 파란색, 검은색 아크릴 물감을 준비합니다.

04 노란색, 파란색, 검은색 아크릴 물감을 혼합하여 진녹색을 만든 후, 보석함 외부 전면에 칠합니다.

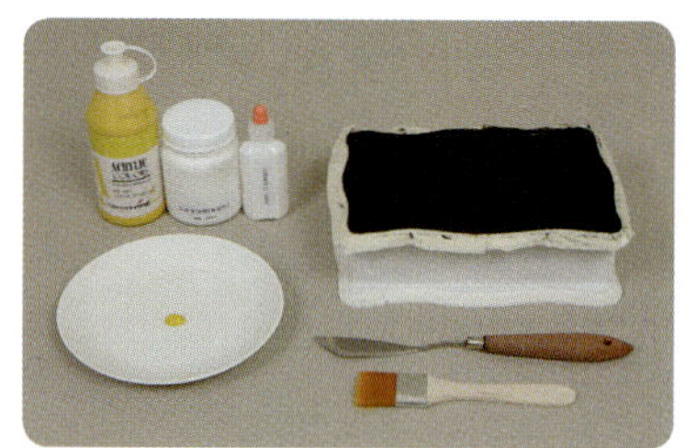

05 도자기 크랙 작업에 사용할 도자기 크랙 재료를 준비합니다.

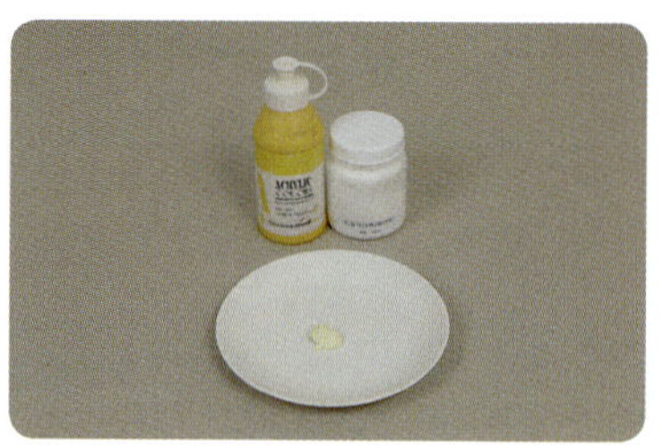

06 크랙제에 노란색 아크릴 물감을 혼합하여 크림색을 만듭니다.

07 도자기 크랙 재료 중 크랙 베이스를 보석함 뚜껑 전면에 칠합니다.

08 크랙 베이스가 반건조되었을 때, 앞서 만들어둔 크림색의 크랙제를 물감 나이프로 보석함 뚜껑 전면에 고르게 펴바릅니다.

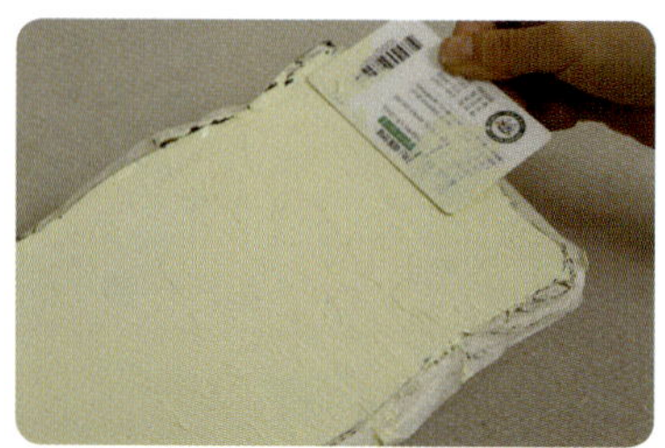

09 카드처럼 한 변이 평평한 도구를 이용해서 크랙면을 고르게 정리합니다.

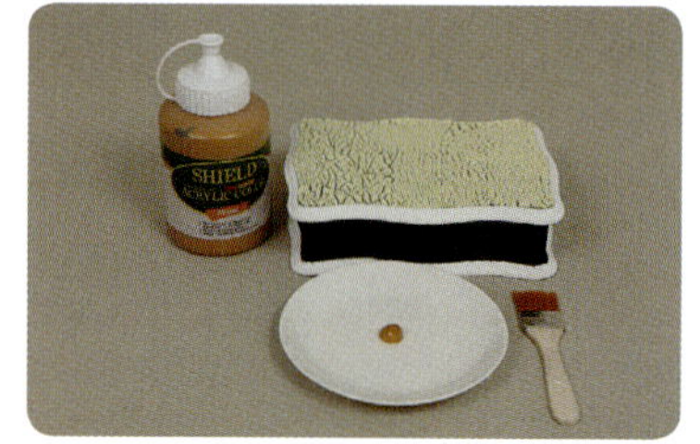

10 크랙면을 자연 건조하면 크랙이 서서히 나타납니다. 보석함 테두리에 칠할 골드 색상의 아크릴 물감을 준비합니다.

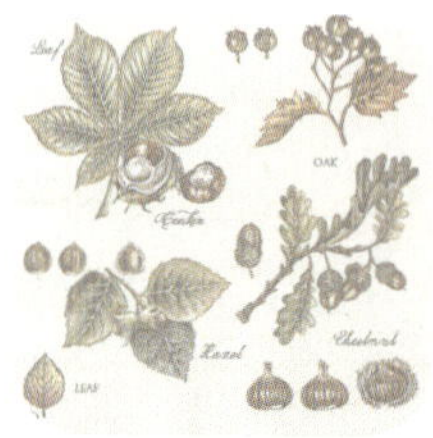

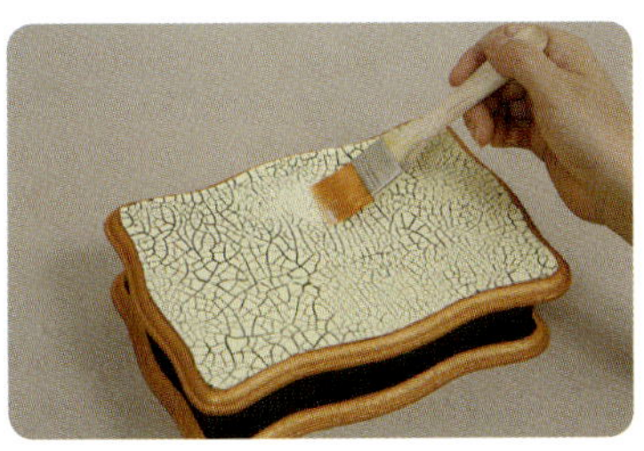

11 보석함 뚜껑과 아랫면 테두리에 골드 색상의 아크릴 물감을 칠합니다.

12 도자기 크랙의 내구성을 높이기 위해 크랙면에 크랙 베이스를 1회 덧칠한 후 하루 정도 충분히 말립니다.

13 보석함 내부도 흰색과 노란색 아크릴 물감을 혼합하여 도자기 크랙제와 같은 색상인 크림색으로 칠합니다. 보석함 뚜껑에 붙일 모양으로 오려둔 냅킨과 냅킨 글루를 준비합니다.

14 뚜껑에 냅킨 크기 정도로 냅킨 글루를 칠한 후, 냅킨을 올려 한쪽을 고정합니다.

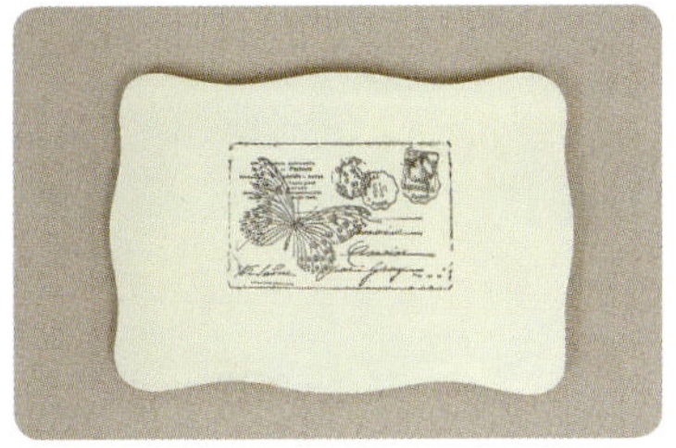

15 물티슈로 냅킨 표면을 살짝살짝 눌러가며 고르게 펴붙입니다.

16 보석함 뚜껑 안쪽에 찍을 스탬프와 잉크 패드를 준비합니다.

17 보석함 뚜껑 안쪽 중앙에 스탬프를 찍습니다.

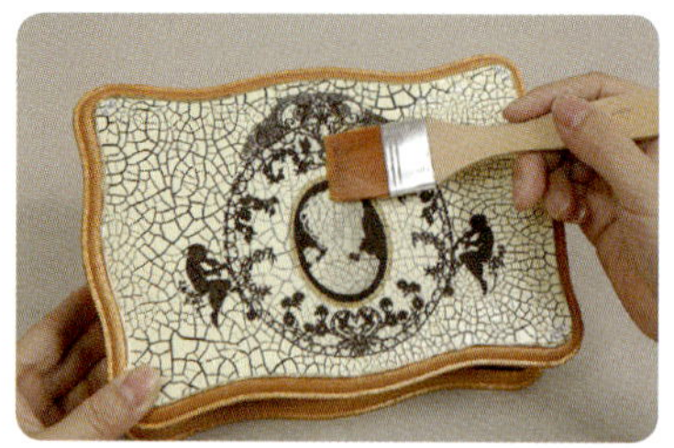

18 보석함 뚜껑 가장자리에 라인 스티커를 붙입니다.

19 마감제인 유성 바니시(PU7)를 준비합니다.

20 보석함에 유성 바니시를 1회 칠합니다.

21 자연 건조로 잘 말려서 완성합니다.

추천 냅킨

나비 패턴 보석함

하트 모양의 초콜릿 통을 보석함으로 만들어보면 어떨까요. 플라스틱 재질이므로 먼저 냅킨 글루를 칠해 젯소와
물감의 접착력을 높이고 스펀지로 바탕색을 칠해 약간 거친 느낌을 냅니다. 그 위에 나비 그림을 습자지에 인쇄한
수제 냅킨을 오려붙인 후, 둘레를 따라 큐빅 스티커를 붙이고 그로스 바니시를 칠해 마감합니다.

블루베리
커피 보관함

블루베리 커피 보관함

가족이 썰물처럼 빠져나간 아침, 여유로운 커피 한잔이 주부의 소소한 행복이 아닐까요. 사람들은 이 원두가 좋더라 하며 취향을 논하지만 저한테는 어렵기만 하네요. 저는 그저 국민음료 커피믹스 커피가 입에도 잘 맞고 당분도 차는 느낌이라 좋더라고요. 매일 마시는 커피믹스, 볼품없는 상자에서 꺼내 예쁜 집에 담아주면 어떨까요?

준비물

주재료

커피 보관함(반제품), 냅킨

부재료

냅킨 글루, 스파클 냅킨 글루, 스텐실 필름('Coffee Cafe'), 젯소, 붓, 스텐실 붓, 매트 바니시

물감

아크릴 물감: 흰색, 파란색, 검은색, 금색

작업 과정

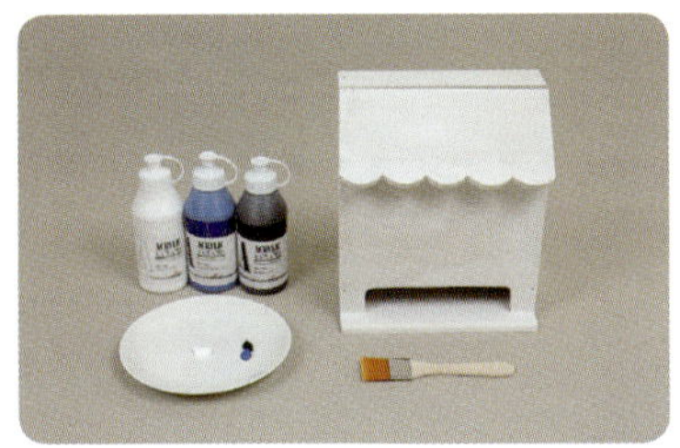

01 커피 보관함 반제품에 사포 작업을 한 후, 젯소칠을 1~2회 하고 잘 말립니다. 바탕색으로 사용할 흰색, 파란색, 검은색 아크릴 물감을 준비합니다.

02 커피 보관함 안팎으로 흰색 아크릴 물감을 1~2회 칠합니다.

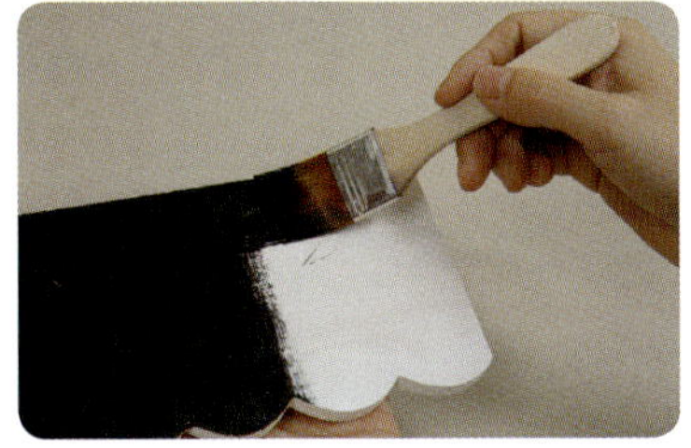

03 커피 보관함 뚜껑의 앞뒷면에 파란색, 검은색 아크릴 물감을 혼합해 만든 암청색을 1~2회 칠합니다.

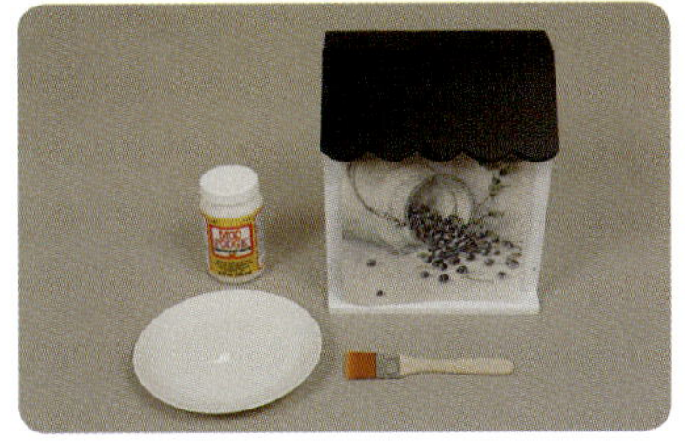

04 커피 보관함에 붙일 냅킨과 냅킨 글루를 준비합니다. 냅킨은 전장을 붙일 것이기 때문에 오리지 않아도 됩니다.

05 커피 보관함 앞면에 냅킨 글루를 칠합니다.

06 물티슈로 냅킨 표면을 살짝살짝 눌러가며 고르게 펴붙입니다.

커피 보관함의 면적이 넓기 때문에 냅킨을 한 번에 다 붙이기보다는 냅킨 글루를 칠하고 냅킨을 조금씩 붙이는 작업을 반복합니다.

07 커피 보관함 뚜껑에 글자를 스텐실하기 위해, 'Coffee Cafe' 스텐실 필름과 금색 아크릴 물감을 준비합니다.

스텐실 필름을 만드는 방법은 187쪽을 참고하세요.

08 스텐실 필름을 커피 보관함 뚜껑 윗면에 테이프로 고정합니다. 스텐실 붓으로 금색 아크릴 물감을 찍어 티슈에 몇 번 닦아낸 후, 고정해둔 필름의 글씨 부분에 톡톡 찍습니다

09 마감제인 그로스 바니시를 준비합니다.

10 커피 보관함 안팎 전체에 그로스 바니시를 1~2회 칠합니다.

11 자연 건조하거나 드라이어로 잘 말린 후, 뚜껑을 달아 완성합니다.

완성품 측면이 허전하게 느껴지면 흑백 이미지를 붙여 전체적인 분위기를 흐트러뜨리지 않고 포인트를 줄 수 있습니다.

추천 냅킨

화이트 크리스마스 커피 보관함

이번에는 커피믹스와 티백을 함께 보관할 수 있는 스타일의 커피 보관함에 냅킨으로 크리스마스 기분을 내봤습니다. 우선 커피 보관함 측면에도 연장해서 냅킨을 붙여야 하므로 앞면에서부터 그림이 이어지도록 구성하고, 냅킨 전장을 붙이므로 주름지지 않도록 좁은 면부터 조금씩 붙여나갑니다. 위쪽은 연장 채색 기법으로 작업합니다. 마지막으로 스펀지에 흰색 아크릴 물감을 묻혀 티슈에 닦아낸 후 커피 박스 전체에 살짝살짝 찍어 눈 오는 밤하늘을 표현합니다.

18
블루로즈 모티브
목제 컵받침

블루로즈 모티브 목제 컵받침

DVD | 03-04 블루로즈 모티브 목제 컵받침

난이도	★★★
사용 기법	퀵 크랙 기법
소요 시간	5일

동네에 분위기 좋은 커피 전문점이 많이 생겼습니다. 카페에 들어서면 커피 향에 한 번, 소품에 또 한 번 취합니다. 그중에서도 컵받침 구경하는 재미가 쏠쏠한데요, 향기로운 커피 못지 않게 눈길을 끄는 예쁜 컵받침, 한번 만들어볼까요?

준비물

주재료

컵받침(반제품), 냅킨, 퀵 크랙제

부재료

냅킨 글루, 젯소, 붓, 액체 유리(레진, 경화제)

물감

아크릴 물감: 흰색, 파란색, 남색, 검은색

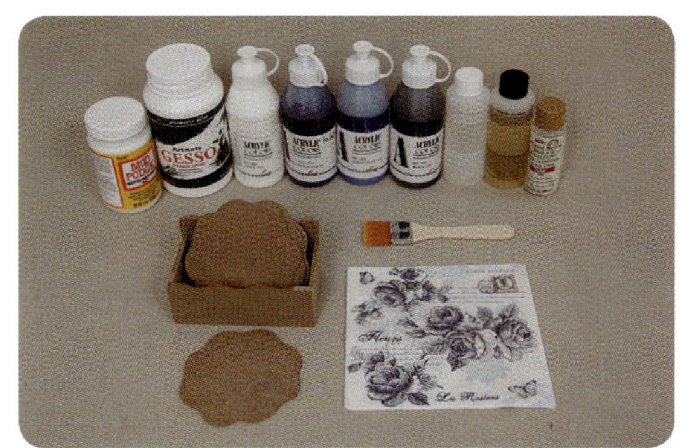

작업 과정

01 컵받침 반제품에 사포 작업을 한 후, 젯소칠을 1~2회 하고 말립니다. 컵받침의 바탕색으로 사용할 파란색, 남색, 검은색 아크릴 물감을 준비합니다.

02 준비한 아크릴 물감을 혼합하여 암청색을 만든 후 컵받침에 1~2회 칠합니다.

03 퀵 크랙제를 작은 붓에 묻혀 바탕색을 칠한 컵받침에 ㅅ 모양으로 겹치지 않게 칠한 후, 2~3시간 자연 건조합니다.

04 충분히 마른 후, 퀵 크랙의 크랙 무늬를 나타내는 데 사용할 흰색 아크릴 물감을 준비합니다.

Tip

흰색 아크릴 물감을 칠하면 바탕에 칠한 검은색이 드러나 크랙 무늬가 완성됩니다.

05 흰색 아크릴 물감의 농도는 붓질이 매끄럽도록 부드럽게 맞추고, 붓질이 겹치지 않도록 조심해서 칠합니다.

06 자연 건조하거나 드라이어로 말린 후 퀵 크랙이 완성된 컵받침입니다.

07 오려둔 냅킨 크기만큼 냅킨 글루를 바른 후, 물티슈로 냅킨 표면을 살짝살짝 눌러가며 고르게 펴서 붙입니다.

08 레진과 경화제로 구성된 마감제인 액체 유리를 준비합니다.

09 종이컵에 레진과 경화제를 적정 비율로 섞어 액체 유리를 만듭니다. 나무 스틱이나 플라스틱 일회용 수저를 사용하고, 잘 저어서 15~20분 정도 둡니다.

10 컵받침에 만들어둔 액체 유리 적당량을 붓습니다.

11 컵받침에 부어둔 액체 유리를 붓으로 골고루 펴바릅니다.

12 액체 유리를 칠한 컵받침입니다. 나머지 컵받침에도 같은 방법으로 액체 유리를 바릅니다.

13 먼지가 없는 편평한 곳에서 자연 건조해서 완성합니다.

추천 냅킨

플라워 모티브 패브릭 컵받침

컵받침은 나무 소재뿐 아니라 패브릭 소재로도 만들 수 있습니다. 패브릭 기법으로 작업하면 물에 젖지 않기 때문에 컵받침의 역할을 톡톡히 해냅니다. 여기에 유광 코팅제를 3~5회 칠해 마감하면 비닐로 코팅한 것과 같은 효과를 낼 수 있습니다.

풍성한 식탁 풍경을 담은
대바구니

풍성한 식탁 풍경을 담은 대바구니

밥을 다 먹고도 달콤한 빵을 찾는 남편 때문에 간식 바구니를 하나 만들어 빵을 담아뒀습니다. 기왕이면 식탁과 어울리는 풍성한 느낌으로 만들고 싶어 냅킨도 신경 써서 골라봤습니다. 바구니에 빵을 담아두니 알아서 챙겨 먹는 아이들 덕에 간식을 준비해야 하는 품도 줄어 좋네요.

준비물

주재료

대바구니(반제품), 냅킨

부재료

냅킨 글루, 붓, 매트 바니시

물감

아크릴 물감: 펄화이트색, 노란색, 파란색, 녹갈색, 진갈색, 검은색

작업 과정

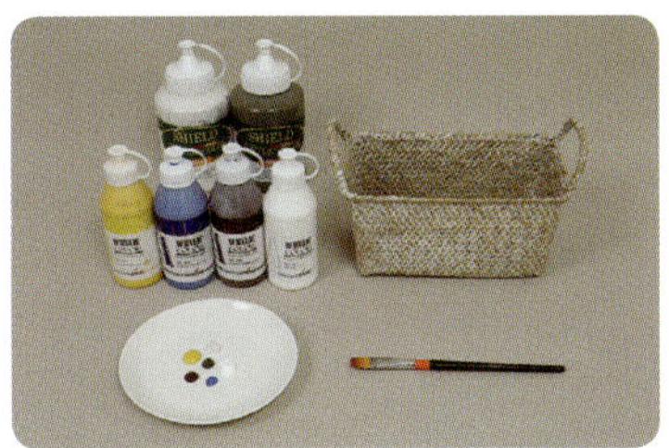

01 대바구니에 바탕색으로 사용할 노란색, 흰색, 파란색, 녹갈색, 진갈색, 펄화이트색 아크릴 물감을 준비합니다.

02 팔레트에 덜어놓은 노란색 아크릴 물감을 마른 붓에 묻혀 바구니에 자유롭게 칠합니다.

03 물감을 닦아내지 말고 그대로 녹갈색 아크릴 물감을 덧묻혀 칠합니다. 진갈색, 펄화이트색도 같은 방법으로 칠합니다.

04 흰색, 파란색 아크릴 물감을 섞어 하늘색을 만듭니다. 여기에 펄화이트색 아크릴 물감을 섞어 대바구니 손잡이와 대바구니 가장자리 4면에 포인트를 주는 느낌으로 살짝 칠합니다.

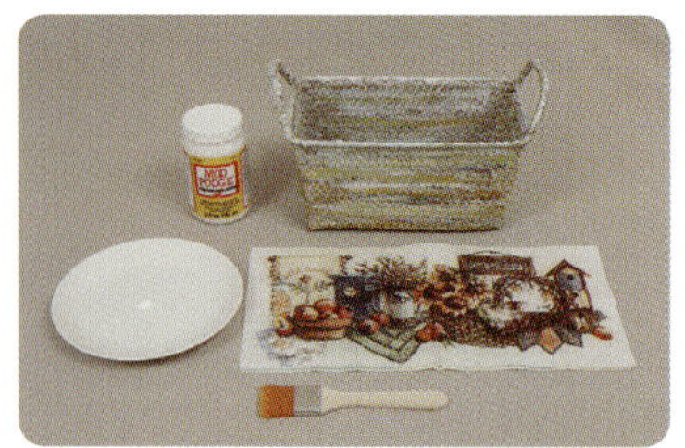

05 대바구니에 사용할 냅킨과 냅킨 글루를 준비합니다. 냅킨은 가로로 2등분하여 준비합니다.

06 대바구니에 냅킨 글루를 칠한 후, 냅킨을 올려 한쪽을 고정합니다.

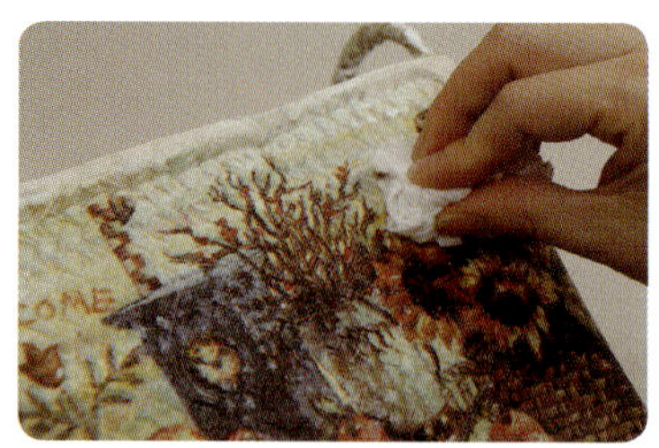

07 물티슈로 냅킨 표면을 살짝살짝 눌러가며 고르게 펴서 붙입니다.

08 마감제인 매트 바니시를 준비합니다.

09 대바구니 전면에 매트 바니시를 1~2회 칠합니다.

10 자연 건조하거나 드라이어로 잘 말려서 완성합니다.

추천 냅킨

다양한 빈티지 스타일 바구니

주방에서는 빵 바구니로, 거실에서는 자잘한 물건을 담아두는 정리 바구니로 사용하는 등 바구니는 여러 모로 쓸모가 많습니다. 여기에 빈티지 기법을 적용하면 멋스러운 느낌까지 낼 수 있습니다. 반제품 전면에 붙인 냅킨 아래로 물감 색깔이 은은하게 배어나오기 때문에, 특별한 느낌을 원한다면 아크릴 물감의 색상을 다양하게 사용해보는 것도 좋습니다. 또한 흑백의 그림과 영문자를 수제 냅킨으로 만들어 붙이면 빈티지한 느낌을 배가시킬 수 있습니다.

20
테디베어 패턴
에코백

테디베어 패턴 에코백

난이도	★★☆
사용 기법	패브릭 기법
소요 시간	2시간

비닐봉투를 사는 것도 아깝고 환경을 생각해서라도 장을 보러 갈 때에는 에코백을 꼭 준비합니다. 도서관에 갈 때에는 종이봉투보다 튼튼한 에코백에 손이 가고요. 생활 속에서 자주 사용하게 되는 에코백, 곰인형이 가득 담긴 디자인으로 꾸며보면 어떨까요?

준비물

주재료

에코백(반제품), 냅킨

부재료

패브릭 냅킨 글루, 스탬프, 잉크 패드

물감

패브릭 물감: 검은색(르미에르 제품)

작업 과정

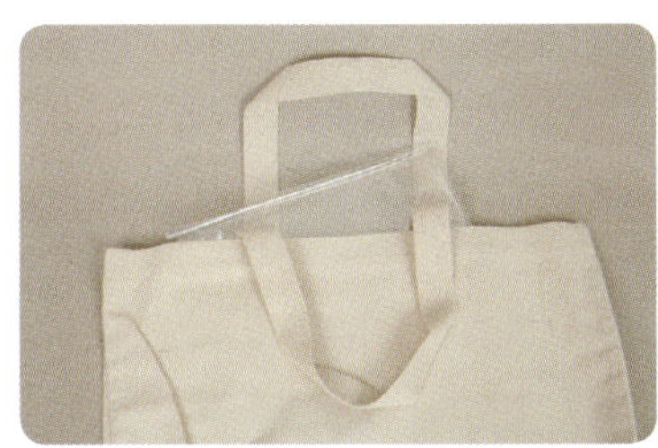

01 냅킨 글루나 물감이 안쪽에 스미지 않도록 에코백 내부에 비닐이나 신문을 넣습니다.

02 패브릭 냅킨 글루를 준비합니다.

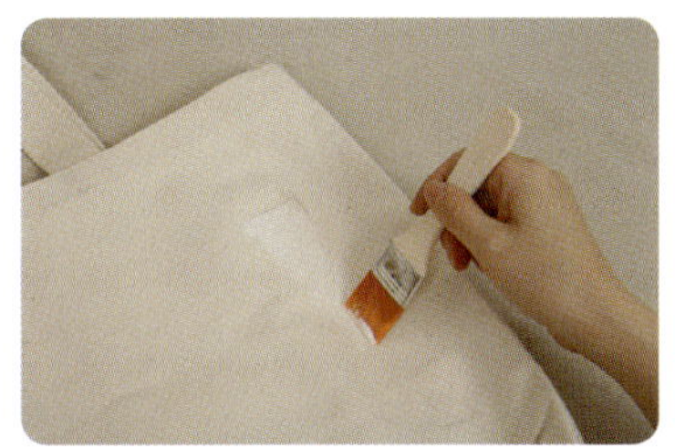

03 에코백의 오른쪽 끝에 패브릭 냅킨 글루를 3cm 정도 칠합니다.

04 냅킨은 전장을 가로로 2등분하여 사용합니다. 냅킨 글루가 발린 부분에 냅킨을 올려 한쪽을 고정한 후, 물티슈로 냅킨 표면을 살짝살짝 눌러가며 고르게 펴서 붙입니다. 이 과정을 반복하여 냅킨 전체를 붙입니다.

Tip

냅킨 전장을 붙일 때에는 미리 냅킨을 붙일 위치보다 안쪽에 연필로 표시를 해두고, 그 표시에 따라 붙이면 똑바로 붙일 수 있습니다.

05 드라이어로 잘 말린 후, 에코백에 붙인 냅킨 표면에 패브릭 냅킨 글루를 칠합니다.

06 냅킨과 에코백의 경계를 없애는 데 사용할 검은색 패브릭 물감을 준비합니다. 패브릭 물감이 없을 경우에는 아크릴 물감으로 대체해도 됩니다.

07 검은색 패브릭 물감을 마른 붓에 묻힌 후, 냅킨과 에코백의 경계면에서 시작하여 바깥쪽으로 짧게 칠합니다. 같은 방법으로 촘촘히 테두리를 칠합니다.

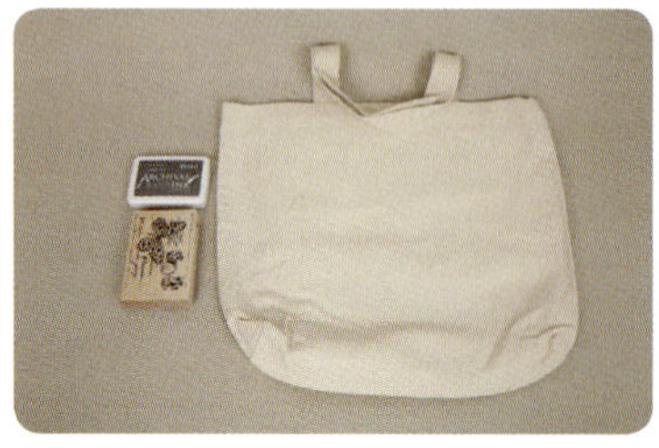

08 에코백 뒷면은 스탬프를 찍어 꾸며 보겠습니다. 스탬프와 잉크 패드를 준비합니다.

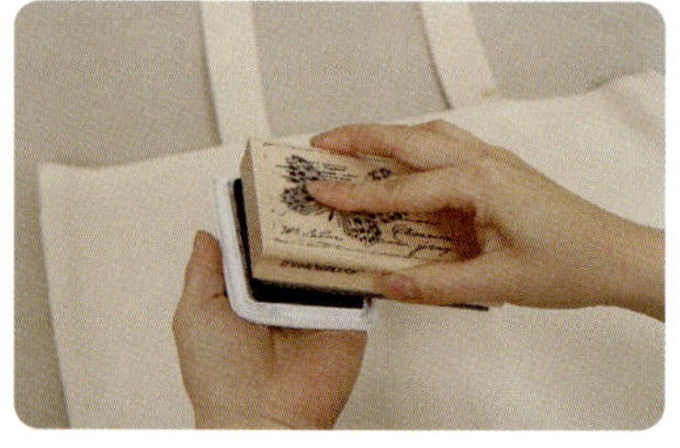

09 잉크 패드를 스탬프에 쓸듯이 2~3회 비벼 잉크를 묻힙니다.

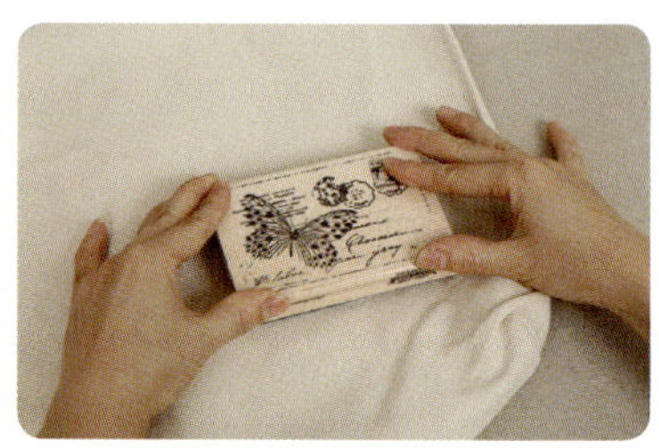

10 에코백 뒷면 적당한 곳에 스탬프를 찍습니다. 이때 처음 위치에서 밀리지 않도록 스탬프를 꾹 눌러 찍습니다.

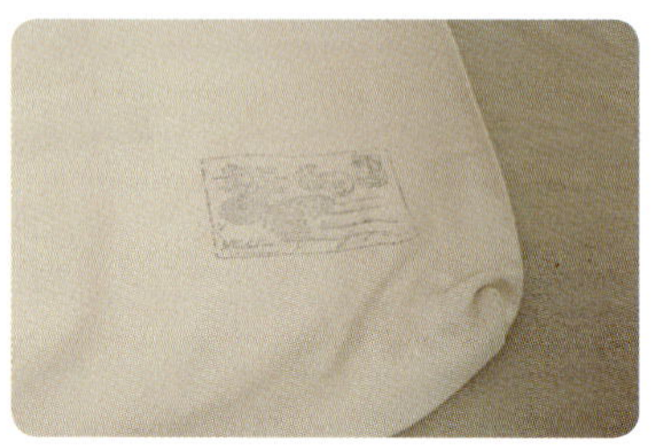

11 스탬프를 찍은 에코백 뒷면입니다.

12 자연 건조하거나 드라이어로 잘 말려서 완성합니다.

추천 냅킨

Application

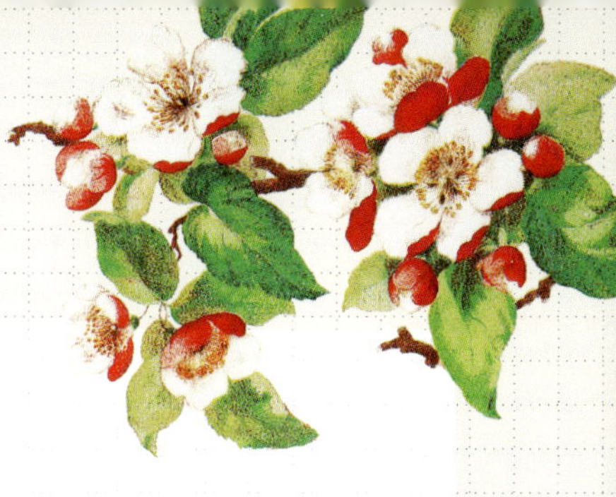

다양한 빈티지 백

어깨에 메는 큼직한 숄더백도 좋지만 쇼핑백 스타일의 토트백이나 잠깐 외출할 때 유용한 미니 크로스백도 하나씩 있으면 좋겠다 싶죠. 미니 크로스백은 지퍼 부분을 포함한 전면에 냅킨을 통째로 붙여 말린 후, 지퍼 부분을 칼로 오려내면 깨끗하게 완성할 수 있습니다. 또한 빈티지한 느낌의 냅킨에는 태우기 기법이 잘 어울립니다. 이에 더해 패브릭 전용 물감으로 냅킨 주위를 채색하고 여백에 스탬프를 찍으면 완성도를 높일 수 있습니다.

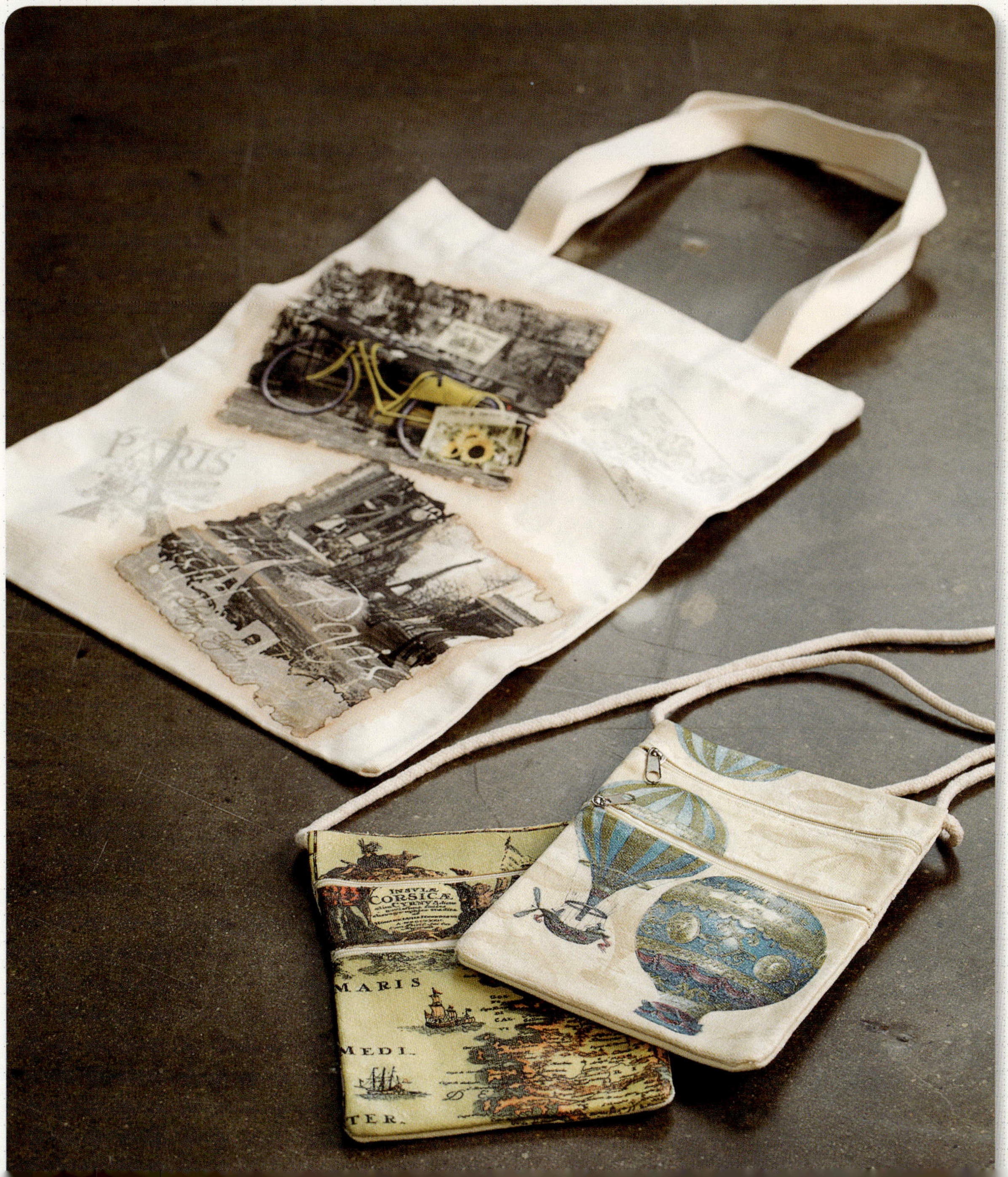

소년소녀 그림이 깜찍한
핸드벨

소년소녀 그림이 깜찍한 핸드벨

아침에 예쁜 소리를 내는 핸드벨로 아이들을 깨워보면 어떨까요? 상쾌하고 예쁜 소리를 내는 핸드벨은 식사 시간을 알리는 맛있는 소리로도 활약합니다. 블루 톤의 소년소녀가 그려진 냅킨을 선택해서 차분하면서도 귀여운 분위기로 연출하여 인테리어 소품으로도 활용할 수 있어 좋습니다.

준비물

주재료

핸드벨(반제품), 냅킨

부재료

냅킨 글루, 스파클 냅킨 글루, 젯소, 붓, 스펀지, 그로스 바니시

물감

아크릴 물감: 흰색, 펄화이트색, 은색

작업 과정

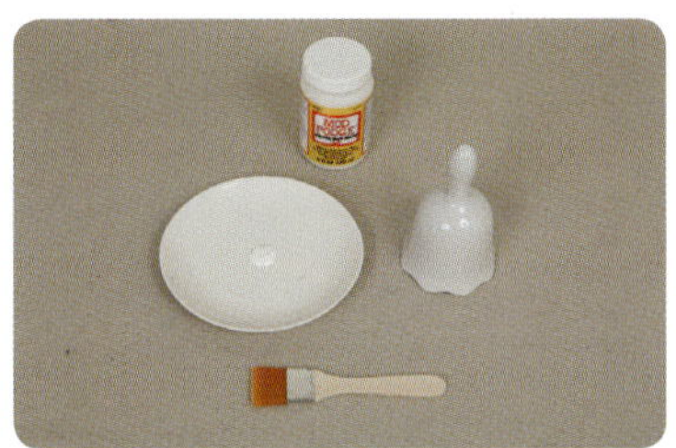

01 도자기 재질인 핸드벨에 젯소와 아크릴 물감의 접착력을 높이기 위해 우선 냅킨 글루를 칠합니다.

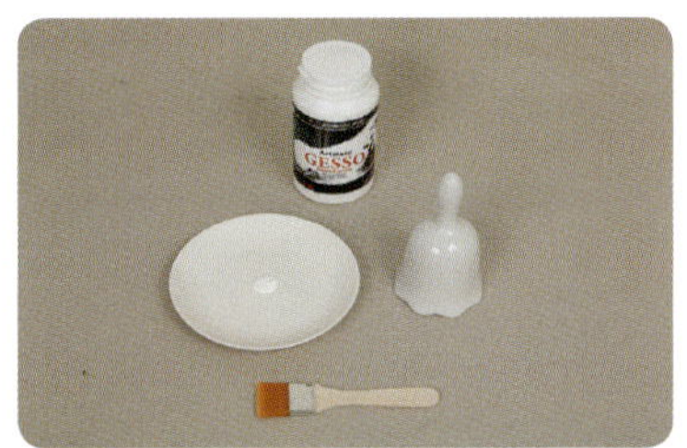

02 드라이어로 잘 말린 후 젯소를 1~2회 칠합니다.

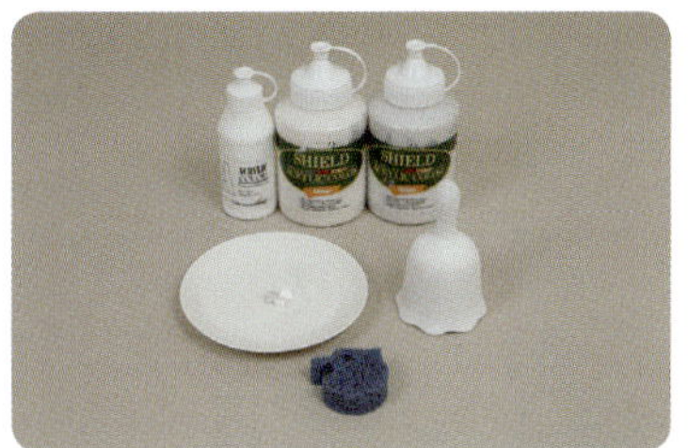

03 바탕색으로 사용할 흰색, 은색, 펄화이트색 아크릴 물감을 팔레트에 조금씩 덜어 준비합니다.

04 덜어둔 3가지 색상의 아크릴 물감을 스펀지에 묻혀 1~2회 칠합니다.

05 핸드벨 모양에 맞춰 오려둔 냅킨과 냅킨 글루를 준비합니다.

06 핸드벨에 냅킨 글루를 칠한 후, 냅킨을 올려 한쪽을 먼저 고정합니다.

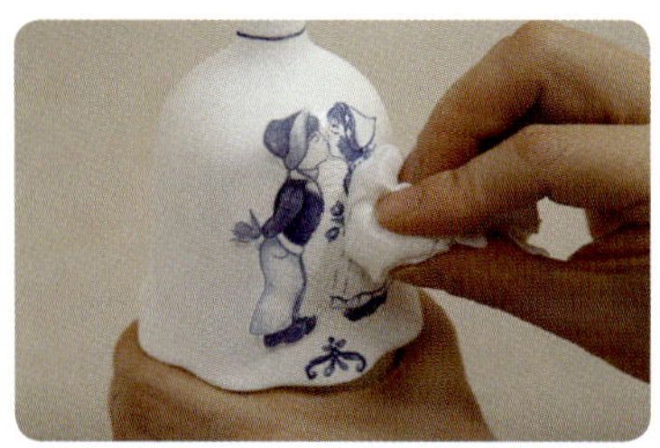

07 물티슈로 냅킨 표면을 살짝살짝 눌러가며 고르게 펴서 붙입니다.

08 장식 효과와 함께 내구성도 높일 수 있는 스파클 냅킨 글루를 냅킨 그림 위에 칠합니다.

09 마감제인 그로스 바니시를 준비합니다.

10 핸드벨에 그로스 바니시를 1~2회 칠합니다.

11 자연 건조하거나 드라이어로 잘 말려서 완성합니다.

추천 냅킨 ·

디자인을 맞춘 소품 모음

핸드벨의 디자인에 맞춰 소품을 함께 꾸며보면 어떨까요? 지저분하게 늘어진 전깃줄을 정리할 수 있는 코드 정리 커버, 장식용 목제 아기신발처럼 작은 소품은 비슷한 컬러로 한곳에 모아놓으면 힘이 생기는 듯합니다. 코드 정리 커버는 휴지 심지를 재활용한 것으로, 흰색 아크릴 물감이나 흰 종이를 붙인 후 냅킨을 붙여 잘 말린 후 마감제를 칠하면 됩니다. 휴지 심지가 아닌 랩 심지 등을 이용해도 좋습니다.

과일 패턴
아크릴 쟁반

과일 패턴 아크릴 쟁반

DVD | 03-05 과일 패턴 아크릴 쟁반

- 난이도 ★★☆
- 사용 기법 롤링 기법
- 소요 시간 3시간

물건을 오래 써버릇하니 결혼 당시 샀던 물건들도 10년이 넘도록 자리를 차지하고 있습니다. 절약에는 도움이 되지만 생활에 변화가 없어 심심하기도 합니다. 그렇다고 멀쩡한 물건을 버리는 건 마음이 내키지 않으니 물건에 변화를 줘볼까 합니다. 오랫동안 사용한 아크릴 쟁반에 냅킨으로 과일 패턴을 가득 담아 산뜻한 분위기를 내보겠습니다.

준비물

주재료

아크릴 쟁반, 냅킨

부재료

냅킨 글루, 스파클 냅킨 글루, 라인 스티커(금색), 물티슈, 젯소, 붓, 스펀지, 그로스 바니시

물감

아크릴 물감: 흰색, 노란색

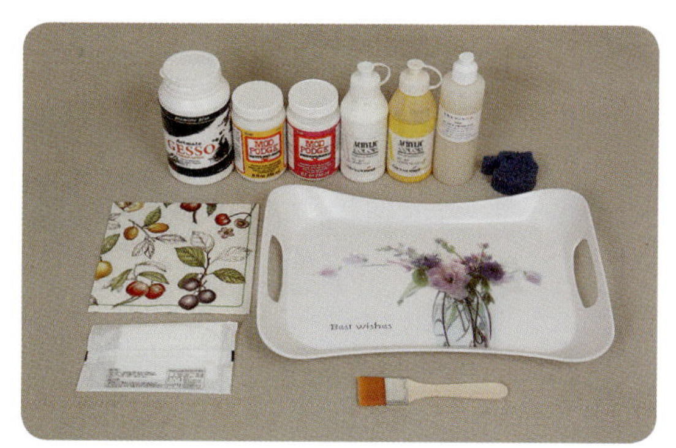

작업 과정

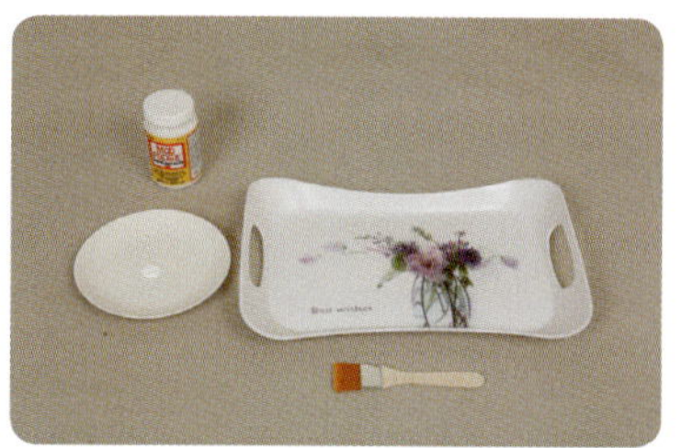

01 아크릴 쟁반 표면을 깨끗하게 닦은 후, 젯소와 아크릴 물감의 접착력을 높이기 위해 냅킨 글루를 1회 칠합니다.

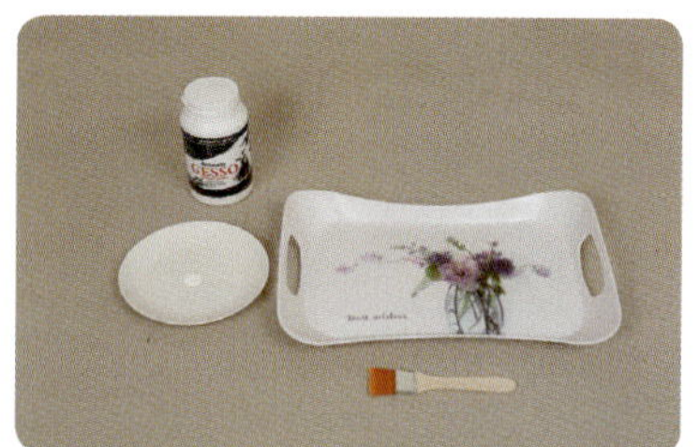

02 젯소를 1~2회 칠합니다.

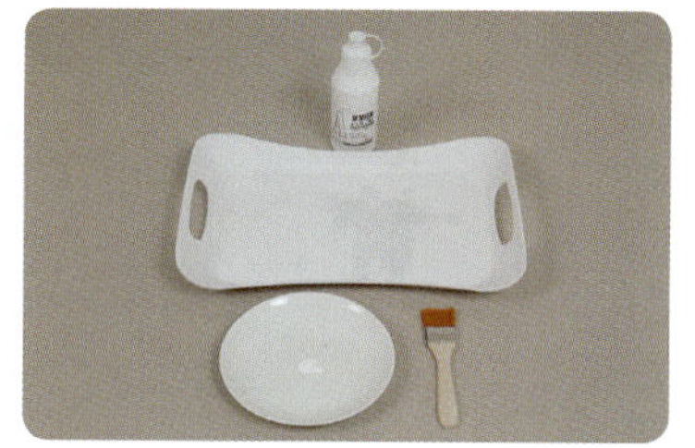

03 바탕색으로 사용할 흰색 아크릴 물감을 준비합니다. 물감을 칠하고 물사포하여 잘 말린 후, 이 과정을 반복합니다.

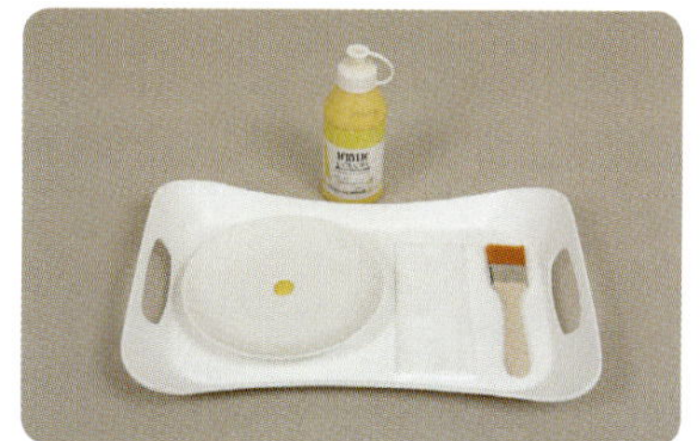

04 롤링 기법에 사용할 노란색 아크릴 물감과 물티슈를 준비합니다.

05 준비한 물티슈를 꼽니다.

06 노란색 아크릴 물감에 물을 섞은 후, 붓으로 아크릴 쟁반 전체에 칠합니다.

07 쟁반 위에서 꼬아둔 물티슈를 여러 방향으로 굴립니다. 물티슈의 굴곡에 물감이 닦여나간 부분이 연하게, 덜 닦인 부분이 진하게 대비되며 무늬가 만들어집니다.

08 아크릴 쟁반에 사용할 냅킨과 냅킨 글루를 준비합니다. 냅킨은 과일 모양별로 오려둡니다.

09 아크릴 쟁반에 오려둔 냅킨을 원하는 위치에 배치하여 붙입니다.

10 아크릴 쟁반 손잡이의 둘레에 라인 스티커를 붙입니다.

스티커는 종류가 다양하고 사용이 간편하며 포인트 역할을 톡톡히 해내는 부재료입니다. 냅킨아트에서 자주 사용하는 스티커로는 라인 스티커를 꼽을 수 있습니다. 색상과 모양이 다양하기 때문에 냅킨 분위기에 맞춰 선택하면 세련미를 높일 수 있고, 개인적으로 금색과 은색을 주로 사용합니다. 또한 고급스러운 느낌을 내고 싶을 때에는 큐빅이나 진주 스티커로 포인트를 주면 효과적입니다.

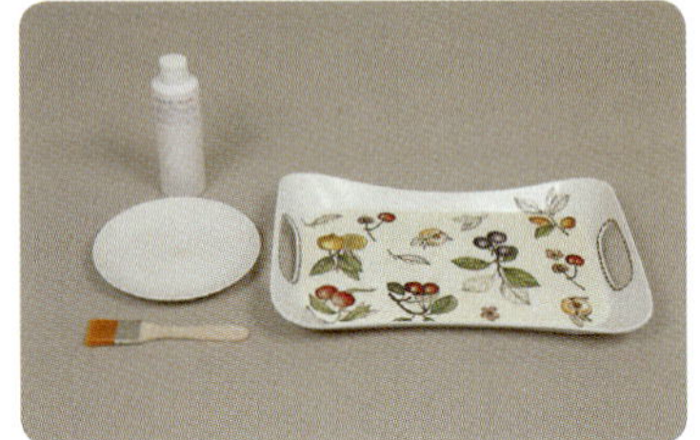

11 마감제인 매트 바니시를 준비합니다.

12 아크릴 쟁반 앞면 전체에 매트 바니시를 1~2회 칠합니다.

13 자연 건조하거나 드라이어로 잘 말려서 완성합니다.

추천 냅킨

다양한 주방 용품

변신시킨 쟁반의 분위기에 맞춰 다양한 주방 용품을 산뜻하게 꾸며보면 어떨까요? 남편의 낡은 드레스셔츠를 앞
뒤로 나누면 앞치마 2장을 만들 수 있습니다. 이렇게 만든 흰 바탕의 밋밋한 앞치마에는 냅킨을 붙여 화사함을 더
할 수 있습니다. 광목천으로는 집에서 사용할 개인용 식탁 매트와 넉넉한 크기의 캠핑용 식탁보를 만들어봤습니
다. 작은 크기의 개인용 식탁 매트에는 냅킨에서 오려낸 과일 그림을 패턴으로 배치하고, 큼지막한 캠핑용 식탁보
에는 냅킨 자체를 패턴처럼 붙여 꾸몄습니다.

화이트 크리스마스

양초

화이트 크리스마스 양초

거실 한쪽에 양초 한두 개만 놓아두어도 로맨틱한 분위기가 나죠. 양초의 로맨틱함은 어느 시즌에나 빛나는 듯하지만, 역시 양초는 크리스마스와 가장 어울리는 아이템이 아닐까 싶습니다. 여기에 크리스마스 분위기가 물씬 풍기는 냅킨을 입혀서 그 분위기를 배가시켜보면 어떨까요? 특별한 시즌을 위한 준비, 크리스마스 양초를 만들어보겠습니다.

준비물

주재료

양초, 냅킨

부재료

냅킨 글루, 스파클 냅킨 글루, 스노우 크랙제, 붓, 스펀지, 그로스 바니시

물감

아크릴 물감: 흰색, 파란색, 검은색

작업 과정

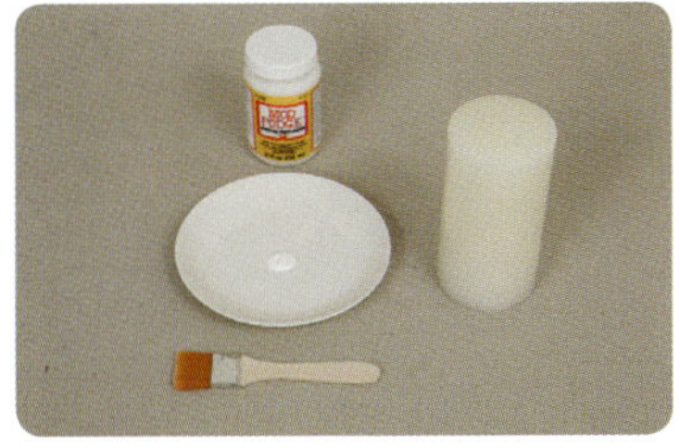

01 양초에 냅킨 글루를 1회 칠하고 말립니다.

02 양초에 붙일 냅킨을 준비합니다.

03 냅킨의 끝을 잘 맞춰 겹치는 부분을 최소한으로 붙입니다.

Tip

젯소와 흰색 아크릴 물감을 칠한 후 냅킨을 붙이면 냅킨의 그림을 더 선명하게 볼 수 있습니다. 한편 이 과정처럼 젯소와 아크릴 물감을 칠하지 않고 작업하면 양초의 색에 냅킨의 그림이 자연스럽게 스며듭니다.

04 드라이어로 잘 말린 후, 연장 채색에 사용할 파란색, 흰색 아크릴 물감을 준비합니다.

05 냅킨이 붙지 않은 양초 위쪽에 냅킨의 파란색과 비슷한 색을 만들어 연장 채색을 합니다.

06 눈이 내린 효과를 만드는 데 사용할 스노우 크랙제를 준비합니다.

07 스노우 크랙제를 용기에 덜어 나무 스틱으로 젓습니다.

08 준비한 스노우 크랙제를 양초 위에서 눈이 자연스럽게 흘러내리는 모양으로 바릅니다.

09 스파클 냅킨 글루를 냅킨 그림 곳곳에 칠해 장식 효과를 냅니다.

10 마감제인 그로스 바니시를 준비합니다.

11 양초에 그로스 바니시를 1~2회 칠합니다.

12 자연 건조하거나 드라이어로 잘 말려서 완성합니다.

추천 냅킨

Application

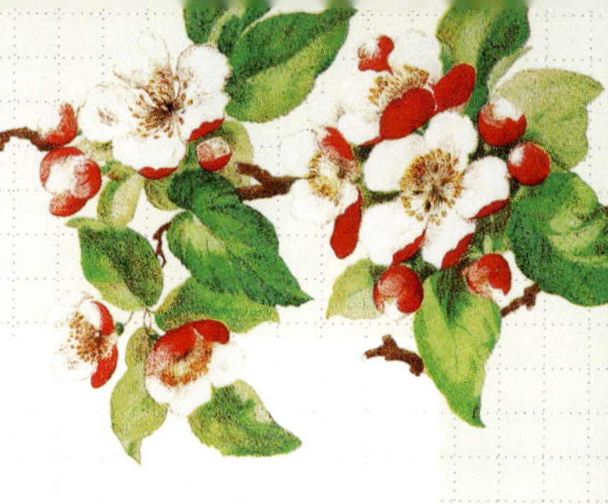

다양한 크리스마스 소품

양초에 더해 크리스마스 분위기를 만끽할 수 있는 소품들이 있어 함께 소개할까 합니다. 테이블 위에 올려놓을 수 있는 자그마한 트리 패널은 여러 개를 한 묶음으로 판매하므로 크리스마스 분위기의 냅킨을 다양하게 선택하여 꾸밀 수 있어 좋습니다. 트리 위에 스노우 크랙제를 이용해서 쌓인 눈을 표현하면 더욱 분위기 있겠죠. 장식 접시는 못 쓰는 접시를 재활용한 것으로 풍경화 냅킨을 선택하여 라인 스티커로 마무리했습니다. 평평하지 않은 접시에 냅킨을 붙일 때는 주름이 생길 수밖에 없는데, 여러 가지 크랙 기법을 이용하면 이를 커버할 수 있습니다.

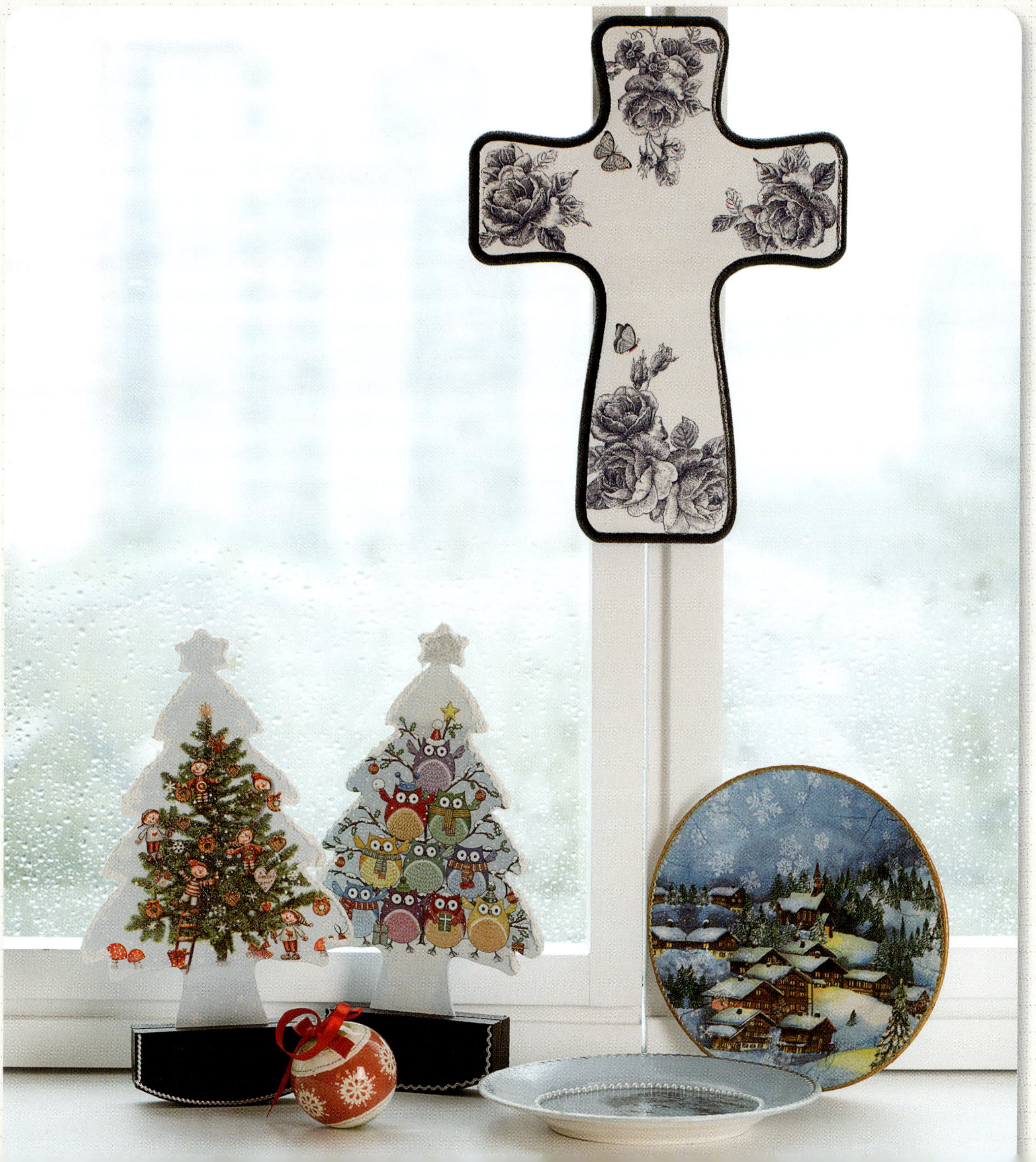

나비 모티브로 리폼한
오카리나

나비 모티브로 리폼한 오카리나

딸아이 학교에서는 저학년 전교생이 오카리나 수업을 합니다. 그런데 딸아이 친구가 깨진 오카리나를 접착제로 붙였더니 표가 난다며 감춰 달라 부탁을 해오네요. 냅킨의 힘을 빌려 상처를 예쁘게 가려주었더니 딸아이까지 덩달아 자기 오카리나도 꾸며 달라 애교를 떱니다. 전교생이 가지고 있는 비슷비슷한 오카리나, 이번 기회에 우리 아이만의 특별한 오카리나로 변신시켜볼까요?

준비물

주재료

오카리나, 냅킨

부재료

냅킨 글루, 스파클 냅킨 글루, 큐빅, 라인 스티커(금색), 젯소, 붓, 스펀지, 그로스 바니시

물감

아크릴 물감: 흰색, 노란색, 갈색

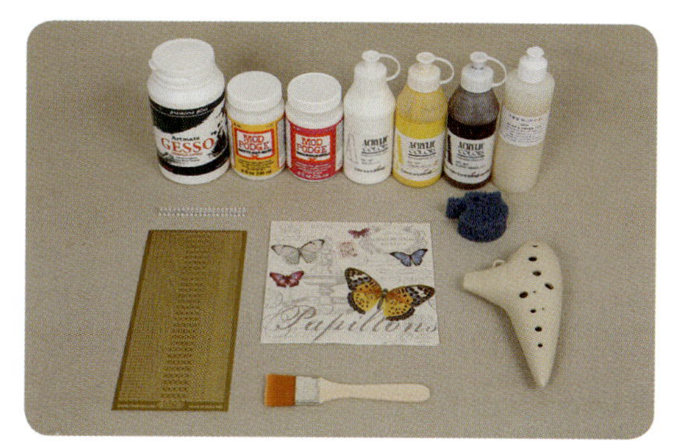

작업 과정

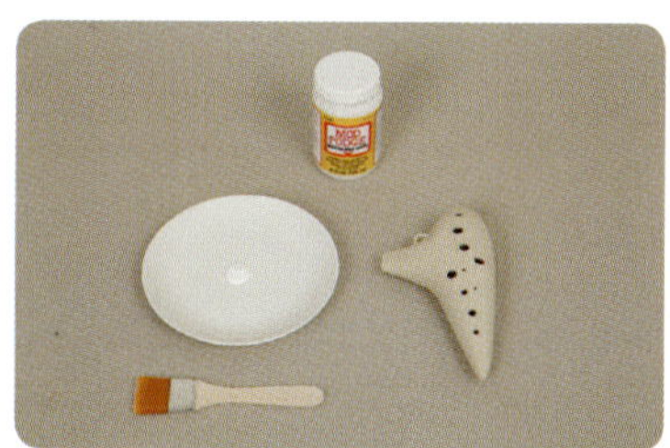

01 오카리나 표면을 물티슈로 깨끗하게 닦은 후, 입술이 닿는 부분은 물감이 묻지 않도록 마스킹테이프를 붙입니다. 젯소와 아크릴 물감의 접착력을 높이기 위해 오카리나 전면에 냅킨 글루를 1회 칠하고 말립니다.

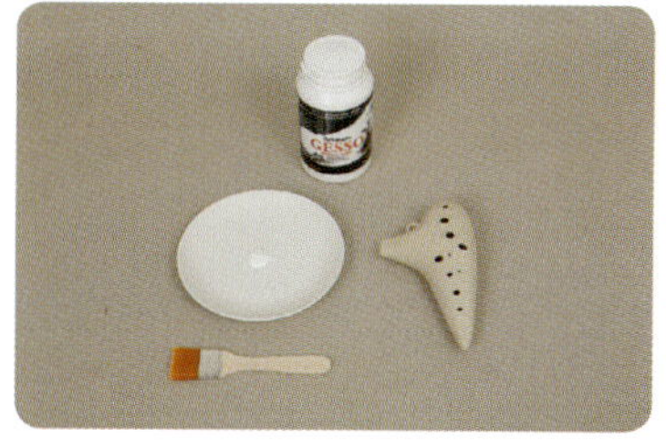

02 오카리나에 젯소를 1~2회 칠하고 말립니다.

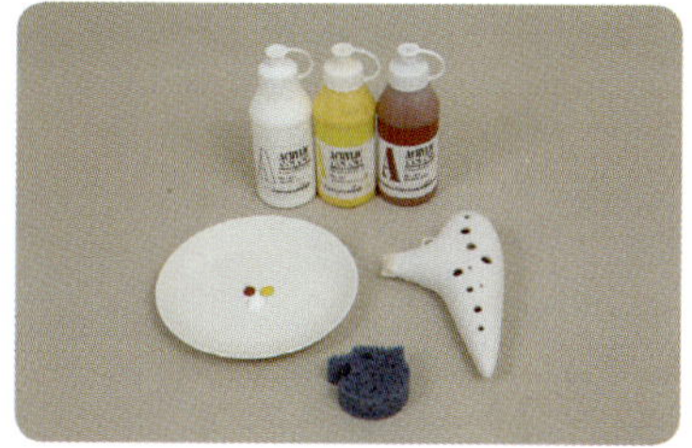

03 바탕색으로 사용할 흰색, 노란색, 갈색 아크릴 물감을 준비합니다.

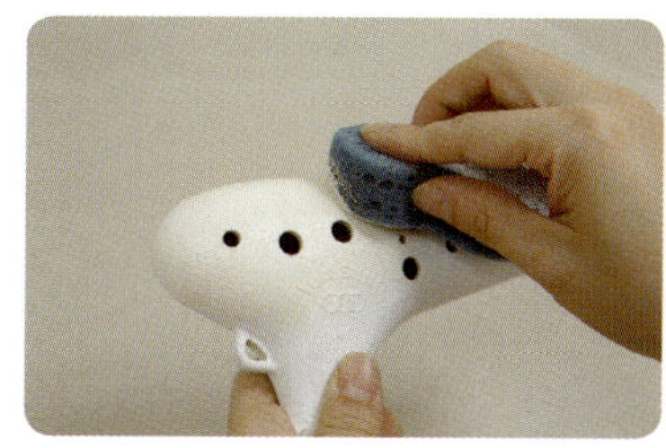

04 준비한 아크릴 물감을 혼합하여 오카리나 전면에 스펀지로 1~2회 칠합니다.

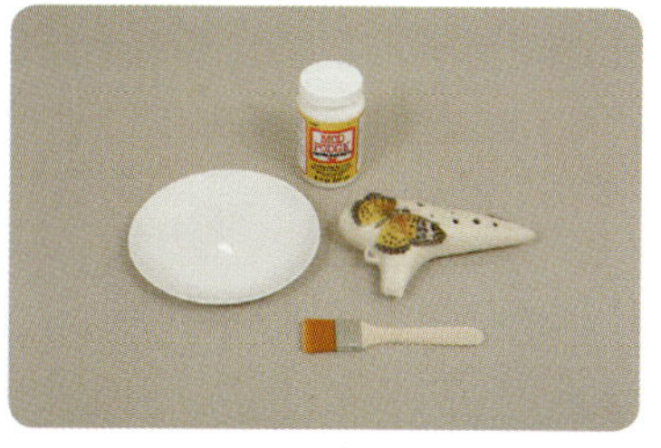

05 오카리나 크기에 맞춰 오려둔 냅킨과 냅킨 글루를 준비합니다.

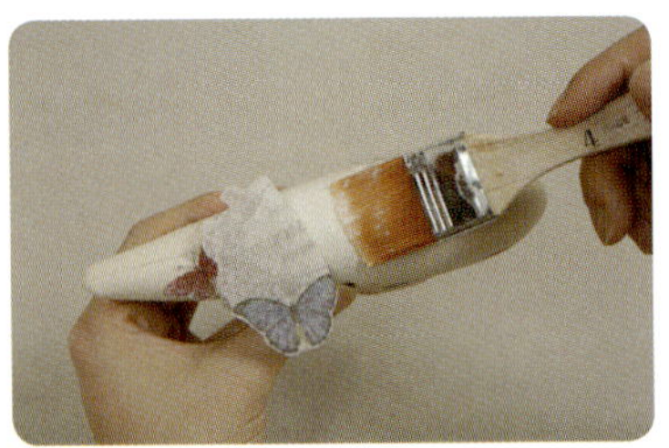

06 오카리나에 냅킨 글루를 칠한 후, 냅킨을 올려 한쪽 끝부분을 고정합니다.

07 물티슈로 냅킨 표면을 살짝살짝 눌러가며 고르게 펴서 붙입니다.

08 장식하여 마무리합니다. 우선 적절한 위치에 큐빅 스티커를 하나씩 잘라 붙이고, 냅킨 그림에는 스파클 냅킨 글루를 칠합니다.

09 앞서 붙여둔 마스킹테이프를 떼어내고 물감을 칠한 부분과 아닌 부분의 차이를 커버하기 위해 경계선에 라인 스티커를 두릅니다.

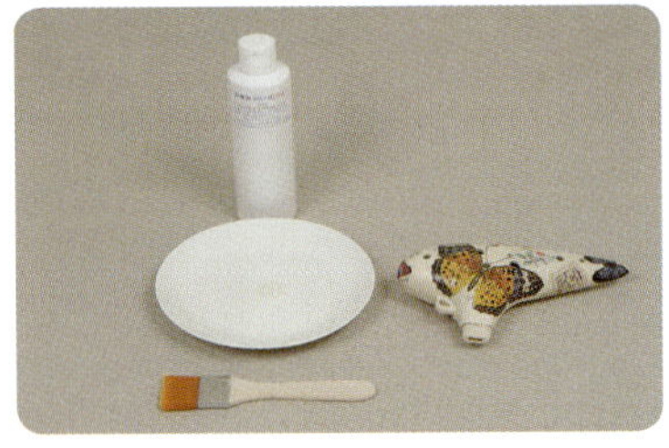

10 마감제인 그로스 바니시를 준비합니다.

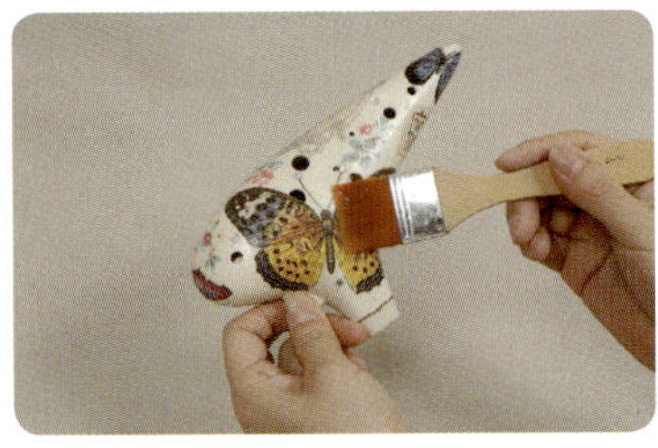

11 입술이 닿는 부분을 제외한 오카리나 전면에 그로스 바니시를 1~2회 칠합니다.

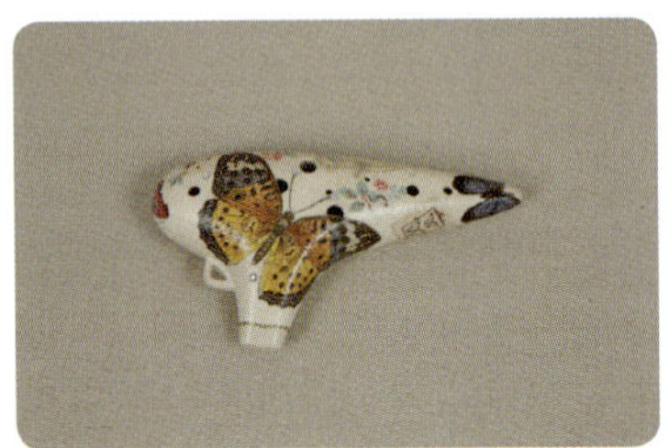

12 자연 건조하거나 드라이어로 잘 말려서 완성합니다.

추천 냅킨

꽃무늬 캐스터네츠

오카리나에는 나비를 얹어주었으니 캐스터네츠에는 꽃을 입혀보면 어떨까요? 단, 캐스터네츠는 크기가 작기 때문에 그림이 작은 냅킨을 선택하는 것이 좋습니다. 크기가 비슷한 다른 소형 악기를 같은 스타일로 꾸며 함께 장식품으로 활용해도 좋겠죠.

자동차 여인
주차 번호판

자동차 여인 주차 번호판

오래 전에 지인에게 헬로키티 십자수가 놓인 주차 번호판을 선물받아 잘 쓰고 있었는데, 번호가 바뀌어 새로 만들었습니다. 자동차에 요염하게 앉아 있는 미녀를 발견하고 '아, 이거다!' 싶었죠. 섹시한 미녀가 반겨주는 번호판을 보고 연락했다가 저를 보고 실망할까 걱정이네요.

준비물

주재료

나무판, 냅킨

부재료

냅킨 글루, 스텐실 필름(휴대전화 번호), 칫솔, 젯소, 붓, 스텐실 붓, 스펀지, 유성 바니시(PU7)

물감

아크릴 물감: 흰색, 노란색, 빨간색, 갈색, 파란색

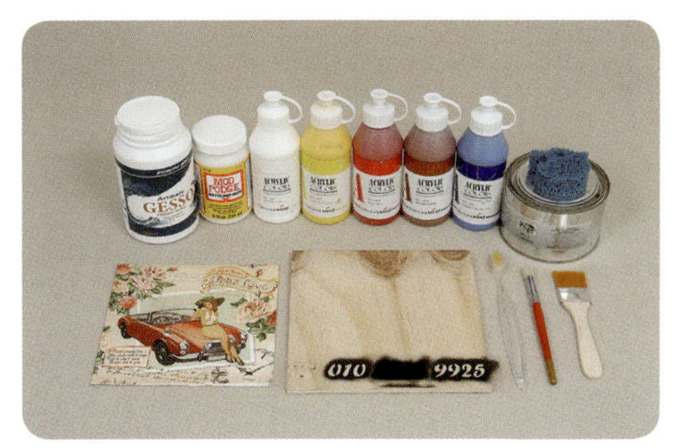

작업 과정

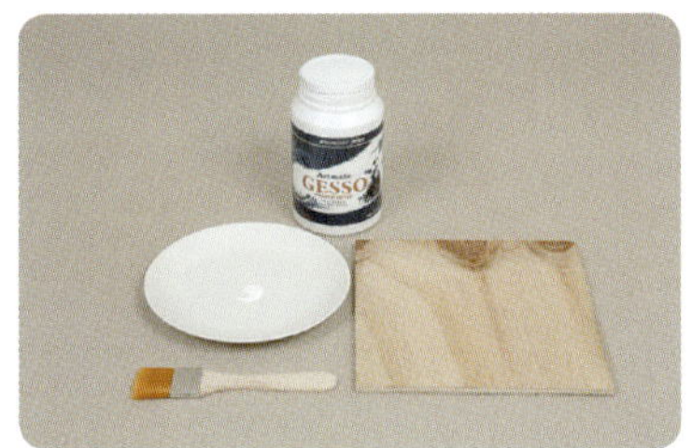

01 주차 번호판으로 사용할 나무판에 사포 작업을 한 후, 젯소칠을 1~2회 하고 말립니다.

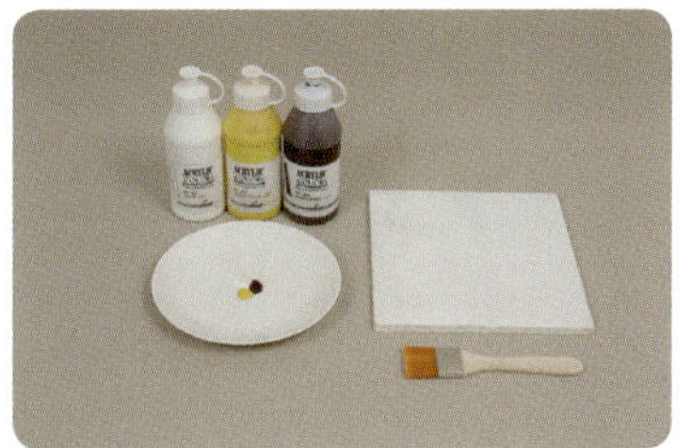

02 바탕색으로 사용할 흰색, 노란색, 갈색 아크릴 물감을 준비합니다.

03 흰색, 노란색, 갈색 아크릴 물감을 혼합하여 주차 번호판 전체에 1~2회 칠합니다.

04 뿌리기 기법에 사용할 흰색, 노란색, 갈색, 빨간색, 파란색 아크릴 물감을 준비합니다.

05 칫솔에 묻은 노란색 아크릴 물감을 묻혀 주차 번호판 전체에 손으로 골고루 튀긴 후, 드라이어로 잘 말립니다.

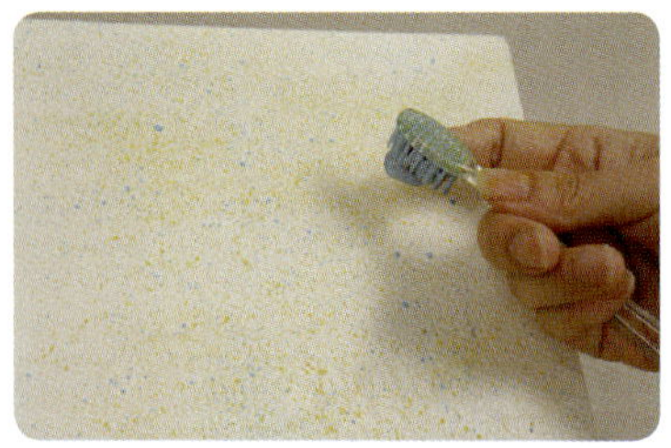

06 칫솔에 묽은 파란색 아크릴 물감을 묻혀 주차 번호판 전체에 골고루 손으로 튀긴 후, 드라이어로 잘 말립니다.

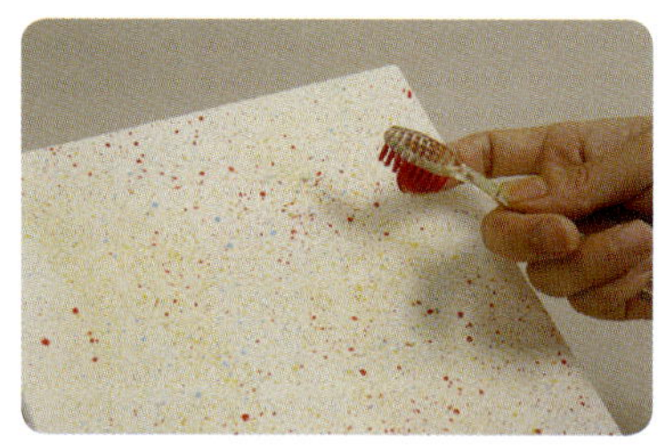

07 칫솔에 묽은 빨간색 아크릴 물감을 묻혀 주차 번호판 전체에 골고루 튀긴 후, 드라이어로 잘 말립니다.

08 칫솔에 묽은 갈색 아크릴 물감을 묻혀 주차 번호판 전체에 골고루 튀긴 후, 드라이어로 잘 말립니다.

09 칫솔에 묽은 흰색 아크릴 물감을 묻혀 주차 번호판 전체에 골고루 튀긴 후, 드라이어로 잘 말립니다.

10 주차 번호판에 붙일 모양으로 오려 둔 냅킨과 냅킨 글루를 준비합니다.

11 주차 번호판에 냅킨 글루를 칠한 후, 냅킨을 올려 한쪽을 고정합니다.

12 물티슈로 냅킨 표면을 살짝살짝 눌러가며 고르게 펴서 붙입니다.

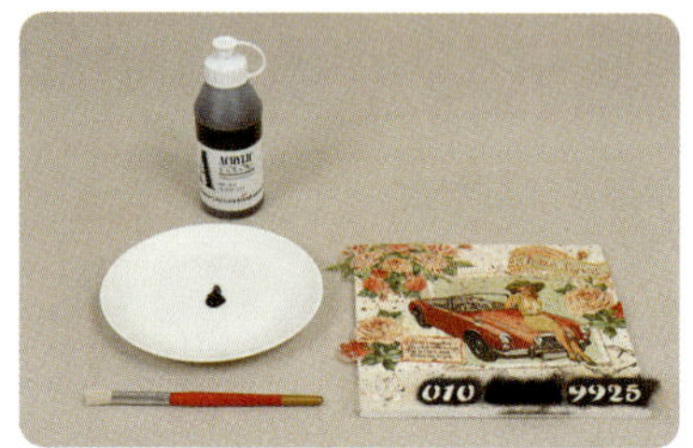

13 주차 번호판에 핸드폰 번호를 찍어낼 스텐실 재료를 준비합니다.

Tip

스텐실 필름을 만드는 방법은 187쪽을 참고하세요.

14 마스킹테이프나 임시 고정용 접착제를 이용하여 주차 번호판 아래쪽에 휴대전화 번호가 적힌 스텐실 필름을 고정합니다. 스텐실 붓으로 검은색 아크릴 물감을 찍어 티슈에 몇 번 닦아낸 후, 고정해둔 필름의 글씨 부분에 톡톡 찍습니다.

15 마감제인 유성 바니시(PU7)를 준비합니다.

16 주차 번호판에 유성 바니시를 칠합니다.

17 자연 건조로 잘 말려서 완성합니다.

추천 냅킨

Part 5

냅킨 아트 실전:
고급편

지금까지 익힌 다양한 기법을 응용하여
난이도가 높은 냅킨 아트 작업에
도전해보겠습니다.

연보랏빛
요정 그림 노트북

연보랏빛 요정 그림 노트북

저는 쇼핑과 은행 업무부터 개인적인 공부까지 대부분의 시간을 노트북을 이용하며 보내고 있습니다. 요즘은 많은 사람과의 소통까지 책임져주니 노트북은 제게 손발과도 같은 존재가 되었죠. 오랜 시간을 함께하는 만큼, 제가 좋아하는 요정 냅킨으로 특별함을 담아 노트북을 새롭게 꾸며봤습니다.

준비물

주재료

노트북, 냅킨

부재료

냅킨 글루, 베이스 코트, 톱코트, 터펜틴유, 금색 매직 터치, 젯소, 붓, 스펀지, 천(면), 유성 바니시(PU7)

물감

아크릴 물감: 흰색, 빨간색, 파란색

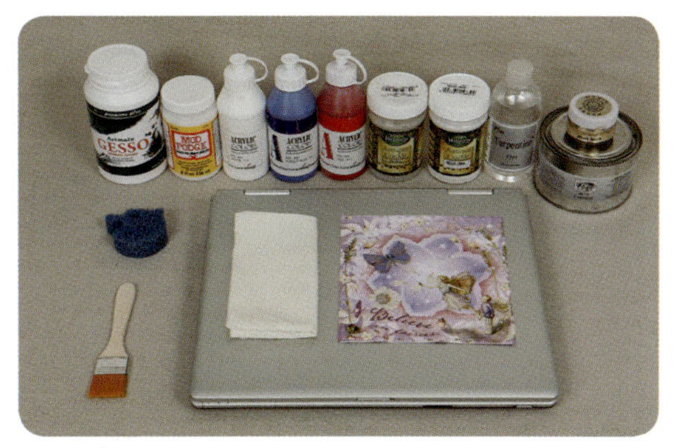

작업 과정

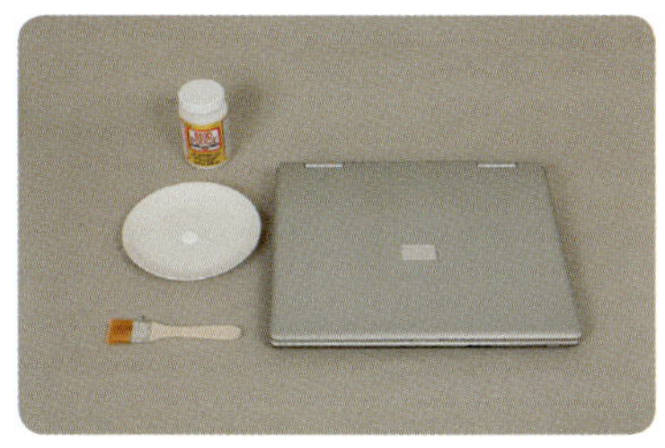

01 노트북 상판의 표면을 물티슈로 깨끗하게 닦은 후, 젯소의 접착력을 높이기 위해 냅킨 글루를 1회 칠합니다.

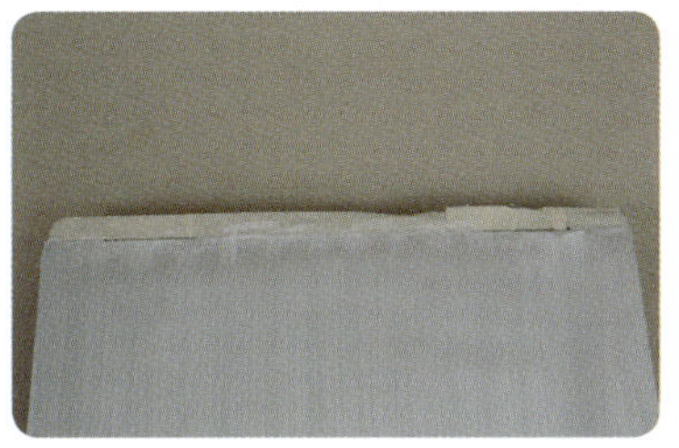

02 노트북을 원활히 여닫을 수 있도록 연결 부위에 마스킹테이프를 붙입니다.

03 냅킨 글루가 마르면 젯소를 1~2회 칠하고 말립니다.

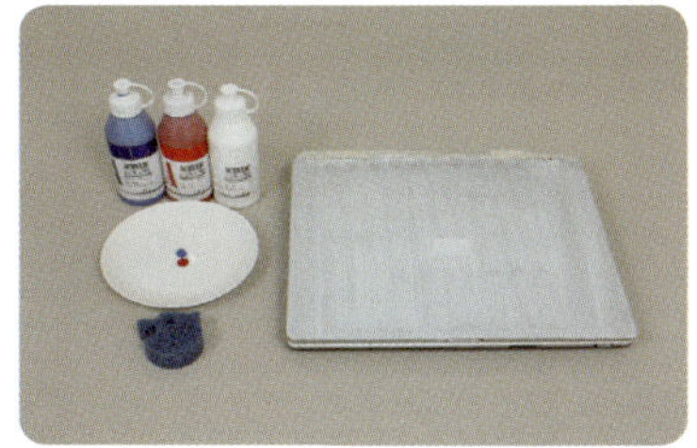

04 노트북의 바탕색으로 사용할 흰색, 빨간색, 파란색 아크릴 물감을 준비합니다.

05 흰색, 빨간색, 파란색 아크릴 물감을 섞어 냅킨 바탕색에 가까운 연보라색을 만듭니다. 이렇게 만든 연보라색 아크릴 물감을 노트북 상판에 스펀지로 1~2회 칠합니다.

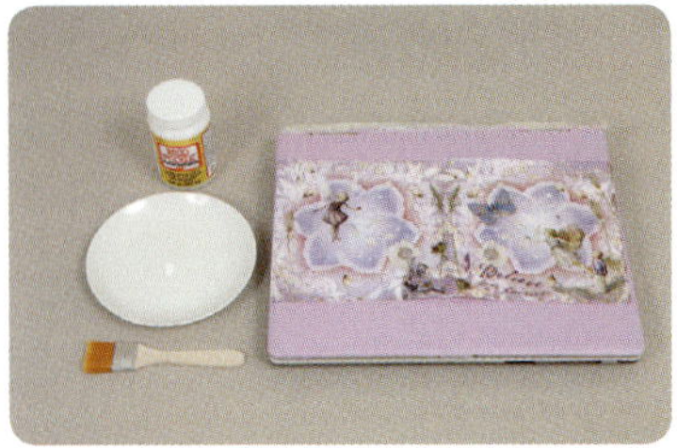

06 노트북에 사용할 냅킨과 냅킨 글루를 준비합니다. 냅킨은 가로로 2등분하여 준비합니다.

07 냅킨은 노트북 상판의 정중앙에서 약간 비스듬히 붙입니다. 이 구도에 맞춰 냅킨 글루를 칠한 후, 냅킨을 올려 끝부분부터 고정시키고 조금씩 붙여나갑니다.

08 물티슈로 냅킨 표면을 살짝살짝 눌러가며 고르게 펴서 붙입니다.

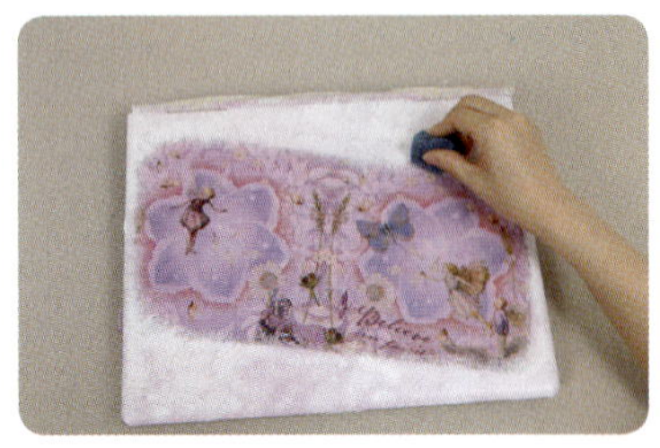

09 뽀얗게 쌓인 먼지를 닦아내보니 냅킨 그림이 나타난 듯이 보이도록 연출하겠습니다. 빨간색, 파란색, 흰색 아크릴 물감을 섞어 앞의 연보라색보다 옅은 연보라색을 만듭니다. 이렇게 만든 연보라색 아크릴 물감을 냅킨 경계 부분과 바탕을 스펀지로 칠합니다. 잘 말린 후 전면에 냅킨 글루를 1~2회 칠합니다.

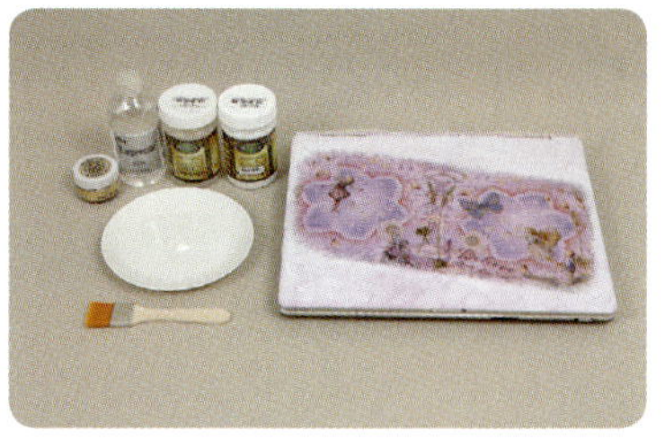

10 앤티크 크랙 기법에 사용할 재료인 베이스 코트, 톱코트, 터펜틴유, 금색 매직 터치를 준비합니다.

11 냅킨 경계 부분을 포함하여 상판 바탕에 베이스 코트를 가로로 1회 칠합니다. 잘 마르면 세로로 1회 더 칠하고 자연 건조합니다.

12 톱코트를 잘 흔들어 베이스 코트를 칠한 곳에 빠짐없이 덧칠하고 5시간 정도 자연 건조합니다. 건조되면서 크랙이 나타납니다.

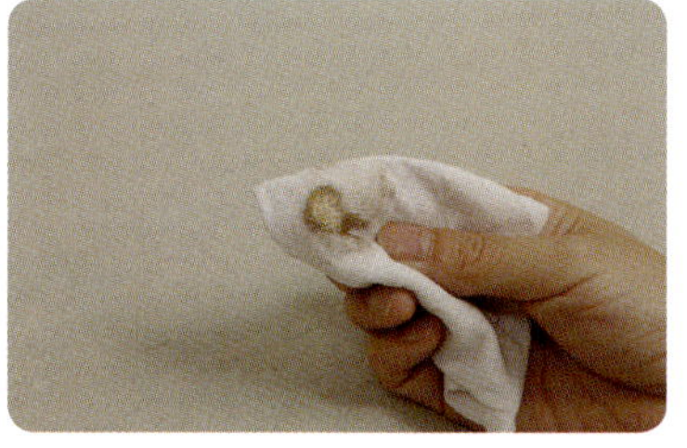

13 톱코트가 잘 마르면, 터펜틴유를 살짝 바른 면 소재의 천에 금색 매직 터치를 묻힙니다.

앤티크 크랙 기법에서 매직 터치를 사용한 후 마감제는 유성 바니시나 액체 유리를 사용해야 합니다. 수성 바니시를 사용하면 앤티크 크랙제가 녹아서 기법이 실패할 수 있습니다.

14 크랙이 나타난 곳에 매직 터치를 묻힌 천을 문지르면 크랙이 더 선명하게 드러납니다. 매직 터치를 바른 후 72시간 동안 자연 건조합니다.

15 마감제인 유성 바니시(PU7)를 준비합니다.

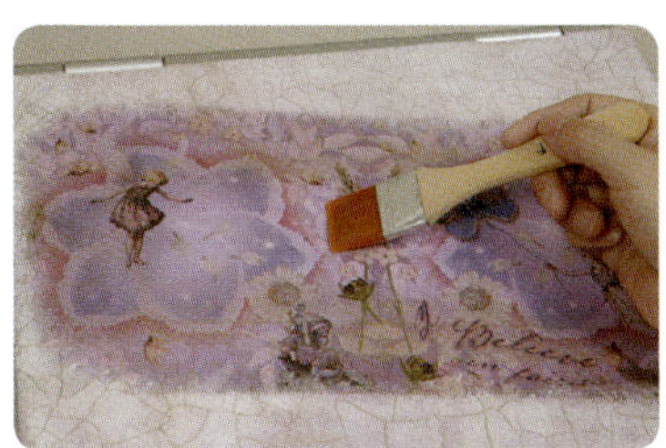

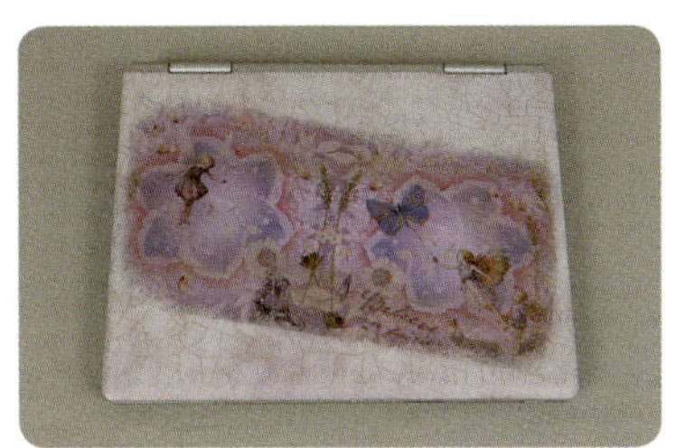

16 노트북 상판 전면에 유성 바니시를 1회 칠합니다.

17 자연 건조하여 완성합니다.

추천 냅킨

Application

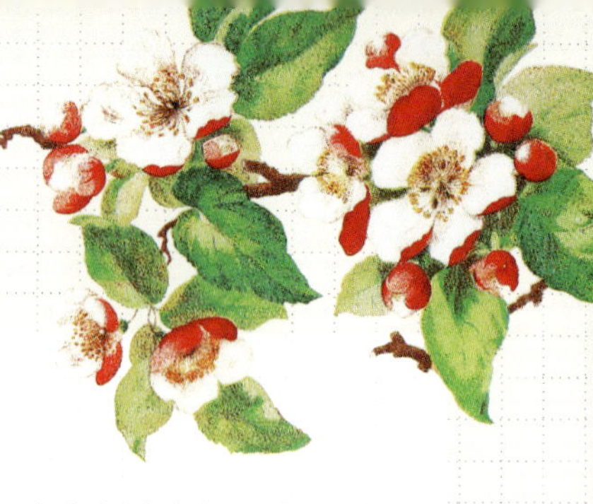

다양한 컴퓨터 소품

컴퓨터 관련 제품은 먼지가 제품의 수명을 좌우하는 경우가 많습니다. 특히 모니터는 화면에 먼지가 들러붙어 눈에 띄기도 합니다. 그래서 모니터를 사용하지 않을 때에는 커버를 씌워두면 먼지를 막아주므로 좋습니다. 모니터 커버는 패브릭 기법으로 냅킨을 붙인 후 패브릭 전용 물감을 이용하여 어울리는 그림을 그리면 장식용으로도 좋습니다. 종종 기념품으로 받는 USB 메모리에 박힌 로고 역시 예쁜 냅킨으로 가릴 수 있습니다.

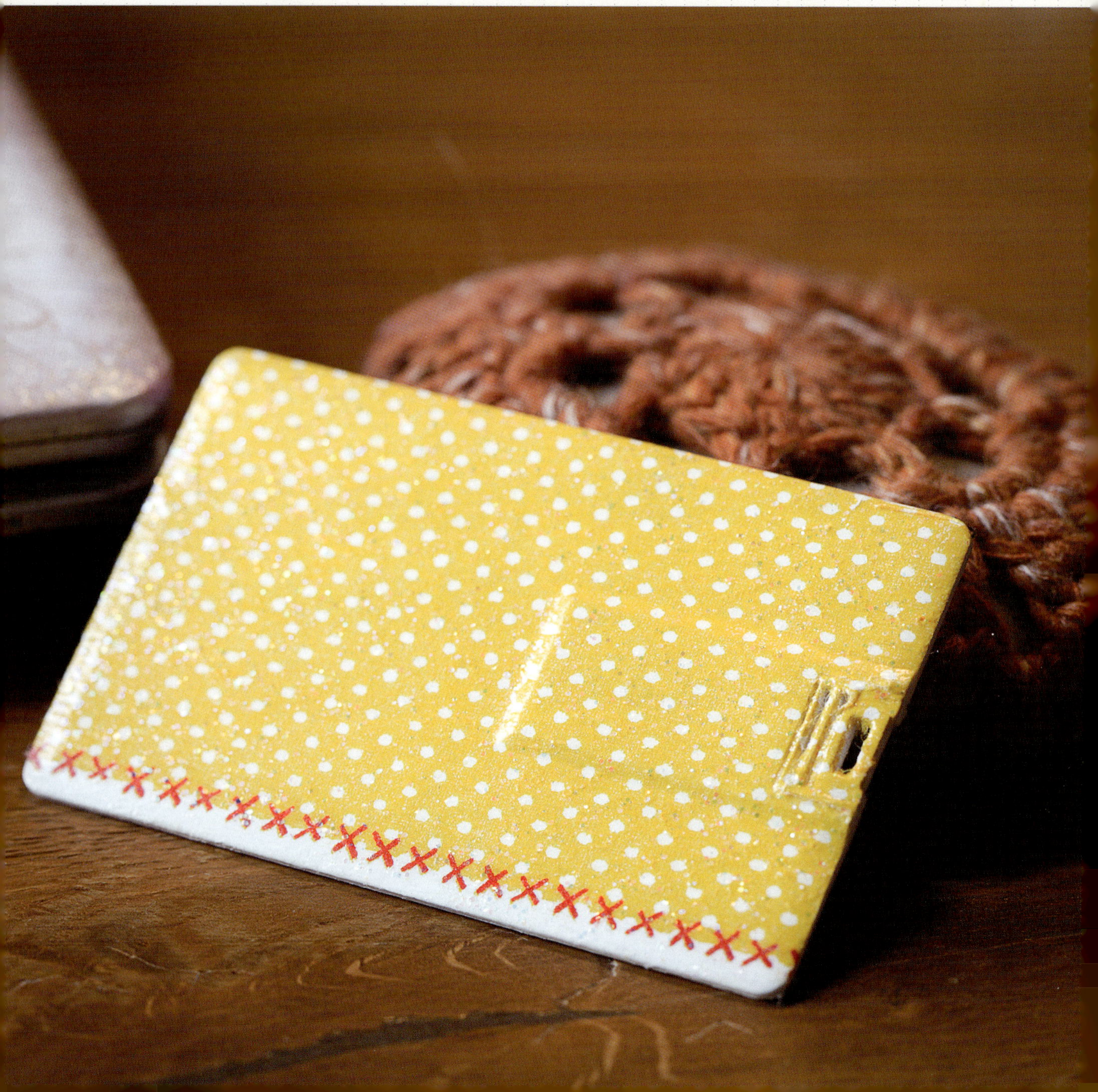

NEW YORK
YORK
LONDON
PICCADILLY CIRCUS
LONDON

귀여운 소년소녀 그림

시디 서랍장

귀여운 소년소녀 그림 시디 서랍장

영화 좋아하세요? 저는 참 좋아하는데 아이를 키우다 보니 극장에서 영화를 보기는 참 힘든 편입니다. 그런데 아이들도 저를 닮아서 그런지 숙제 후 영화를 한 편씩 볼 정도로 영화 마니아입니다. 그렇다 보니 한두 장씩 마련한 DVD도 꽤 많이 쌓여 정리할 서랍장을 만들어봤습니다. 서랍별로 장르를 나누어 DVD를 정리하면 깔끔하고 찾아보기도 쉬워 참 좋겠죠?

준비물

주재료

4구 서랍(반제품), 그림

부재료

냅킨 글루, 베이스 코트, 톱코트, 터펜틴유, 금색 매직 터치, 젯소, 붓, 커터칼, 유성 바니시(PU7), 그로스 바니시

물감

아크릴 물감: 노란색, 파란색, 검은색, 갈색

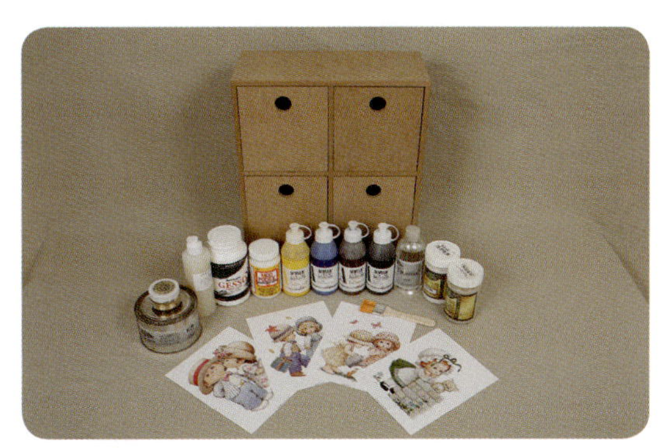

작업 과정

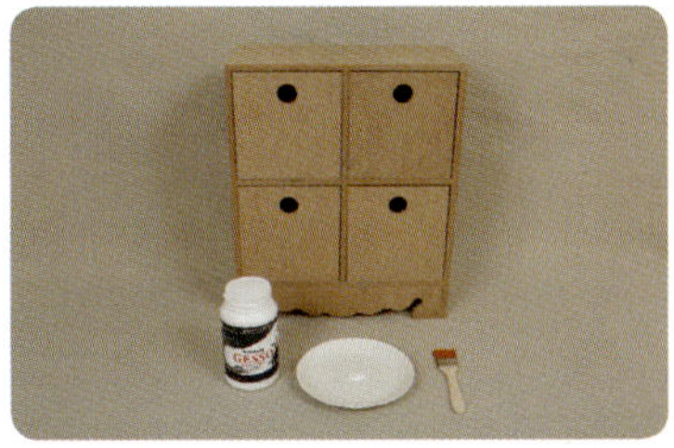

01 4구 서랍장 반제품에 사포 작업을 한 후, 젯소칠을 1~2회 하고 말립니다.

02 서랍장 외부의 바탕색으로 사용할 노란색, 파란색, 검은색 아크릴 물감을 준비합니다. 노란색, 파란색 아크릴 물감을 섞어 연한 초록색을 만든 후, 서랍장 내부와 서랍 앞면을 제외한 전체에 1~2회 칠하고 잘 말립니다.

03 노란색, 파란색, 검은색 아크릴 물감을 섞어 어두운 녹갈색을 만듭니다. 이렇게 만든 어두운 녹갈색 아크릴 물감을 서랍장 프레임과 외부에 1~2회 칠하고 잘 말립니다.

04 서랍장과 서랍 안팎에 바탕색을 칠한 모습입니다.

05 서랍 앞면에 사용할 그림과 냅킨 글루를 준비합니다.

데쿠파주 기법을 위한 그림은 전용 데쿠파주 그림을 온라인 및 오프라인 매장에서 구입해서 사용합니다. 일반 잡지 그림이나 A4 용지에 프린트한 그림을 사용해도 무방하나 상업적인 용도로 사용해서는 안됩니다.

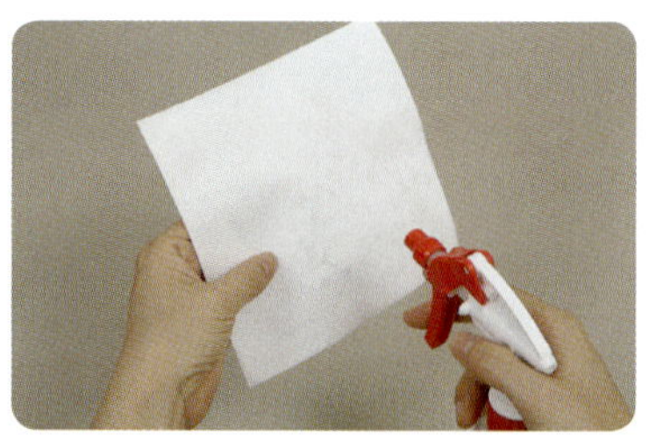

06 그림 뒷면에 분무기에 담은 물을 뿌리고 흡수되도록 잠깐 둡니다.

07 나머지 물기는 신문지로 흡수시킵니다.

08 서랍 앞면 전체에 냅킨 글루를 칠합니다.

09 물을 먹인 그림을 서랍 앞면에 올리고 그림이 잘 붙도록 표면을 물티슈로 눌러가면서 붙입니다. 그림을 드라이어로 말린 후, 내구성을 위해 냅킨 글루를 칠합니다.

10 앤티크 크랙 기법에 사용할 베이스 코트, 톱코트, 터펜틴유, 금색 매직 터치를 준비합니다.

11 베이스 코트를 가로로 1회 칠하고 자연 건조합니다.

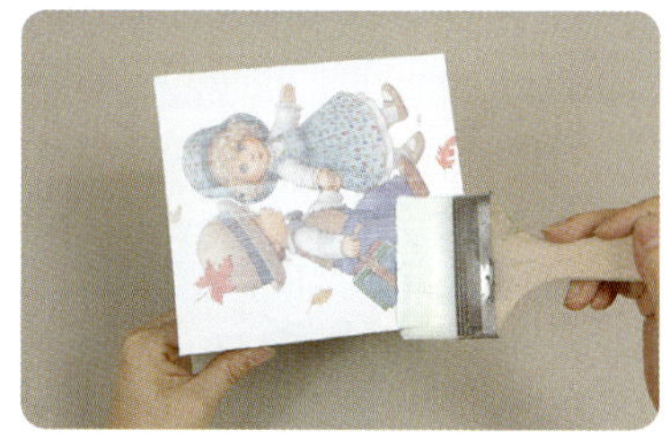

12 베이스 코트를 세로로 1회 칠하고 자연 건조합니다.

13 톱코트를 1회 칠하고 5시간 동안 자연 건조합니다.

14 톱코트가 잘 마르면, 터펜틴유를 살짝 바른 면 소재의 천에 금색 매직 터치를 묻힙니다.

15 크랙이 나타난 곳에 매직 터치를 묻힌 천을 문지르면 크랙이 더 선명하게 드러납니다. 매직 터치를 바른 후 72시간 동안 자연 건조합니다.

16 손잡이 역할을 하는 구멍을 그림이 막고 있는 상태입니다. 우선 서랍 안쪽에서 이 부분의 그림에 대각선으로 여러 번 칼집을 넣습니다. 칼집 모양은 피자를 자르는 형태를 생각하면 됩니다.

손잡이 구멍을 막는 그림은 그림을 붙이고 완전히 마른 후에 작업해야 수월합니다. 크랙제나 마감제를 칠한 후 오려내려면 그림이 두꺼워져 작업이 어려워집니다.

17 칼집을 넣어 잘게 쪼개진 부분을 서랍 안쪽으로 밀어넣은 후, 커터칼로 잘라내 깔끔하게 정리합니다.

18 같은 방법으로 나머지 서랍 3개를 작업한 후, 마감제인 유성 바니시(PU7)를 준비합니다.

19 각 서랍 전면에 유성 바니시를 1회 칠합니다.

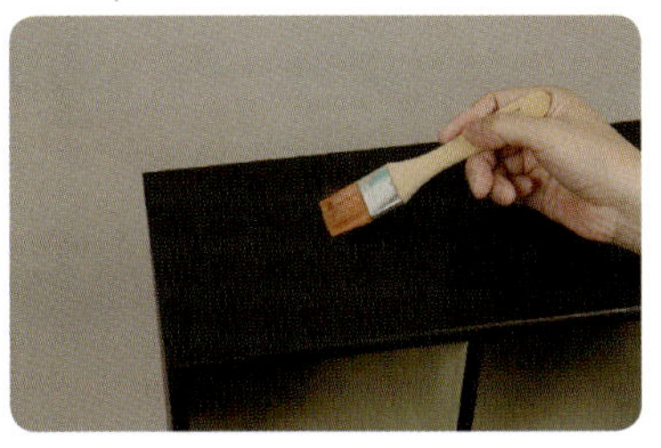

20 서랍장 프레임과 외부에도 유성 바니시를 1회 칠합니다.

21 자연 건조하여 완성합니다.

서랍장 내부와 서랍 외부에 젯소, 아크릴 물감. 마감제 등이 두껍게 발리면 서랍을 여닫기 힘들 수 있으므로 얇게 칠합니다. 그래도 뻑뻑할 경우에는 서랍 바닥에 양초칠을 하면 매끄럽게 만들 수 있습니다.

추천 냅킨

꽃 모티브
키친타월 걸이

꽃 모티브 키친타월 걸이

생선을 좋아해서 생선구이를 자주 하는데, 팬 뒤처리에 요긴한 키친타월 덕을 톡톡히 보고 있죠. 물도 아끼면서 기름기
도 깨끗하게 닦아낼 수 있는 고마운 키친타월, 꽃 모티브를 배치한 예쁜 키친타월 걸이에 걸어두면 어떨까요?

준비물

주재료

키친타월 걸이(반제품), 냅킨

부재료

냅킨 글루, 스파클 냅킨 글루, 큐빅 스티커, 향, 콤브, 모델링 페
이스트, 젯소, 붓, 그로스 바니시

물감

아크릴 물감: 흰색, 검은색, 노란색, 파란색, 빨간색, 갈색

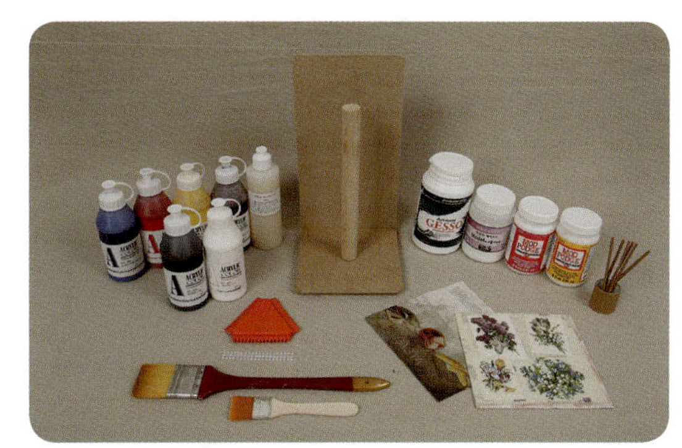

작업 과정

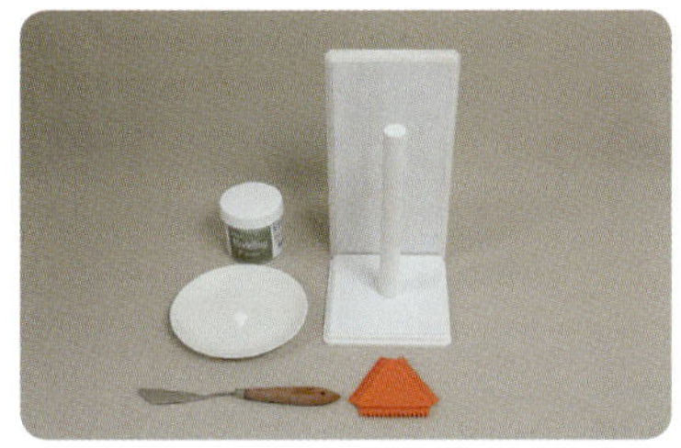

01 키친타월 걸이 반제품에 사포 작업을 한 후, 젯소칠을 1~2회 합니다. 뒷면에 콤브
기법을 적용할 모델링 페이스트를 준비합니다.

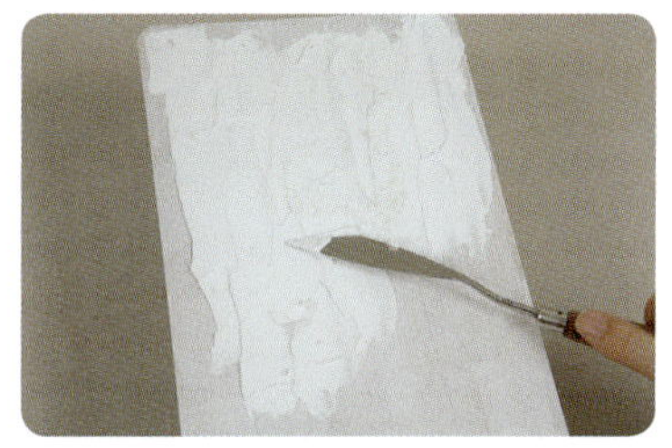

02 키친타월 걸이 뒷면에 물감 나이프로
모델링 페이스트를 골고루 펴바릅니다.

03 모델링 페이스트를 바른 면을 콤브
로 긁어 물결무늬를 만듭니다.

04 이틀 정도 충분히 말린 후, 모델링 페이스트를 바른 표면을 사포로 매끄럽게 정리
합니다.

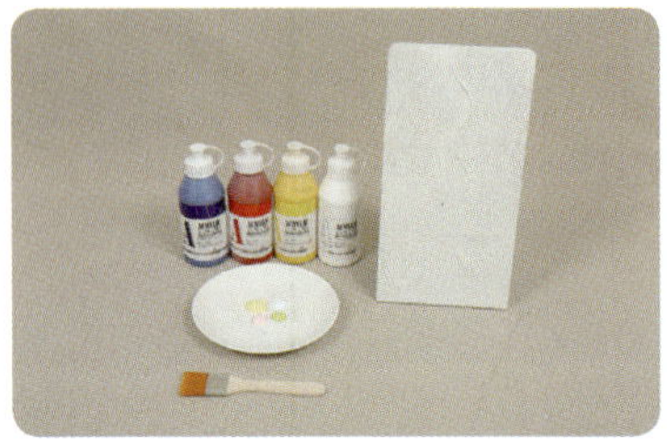

05 키친타월 걸이의 뒷면 바탕색으로 사용할 흰색, 노란색, 빨간색, 파란색, 노란색과 파란색을 혼합한 초록색 아크릴 물감을 준비합니다.

06 빨간색, 노란색, 초록색, 파란색 아크릴 물감에 각각 흰색 아크릴 물감을 섞어 파스텔톤의 색을 만듭니다. 이렇게 만든 파스텔톤 색상을 키친타월 걸이 뒷면에 1줄씩 1～2회 칠합니다.

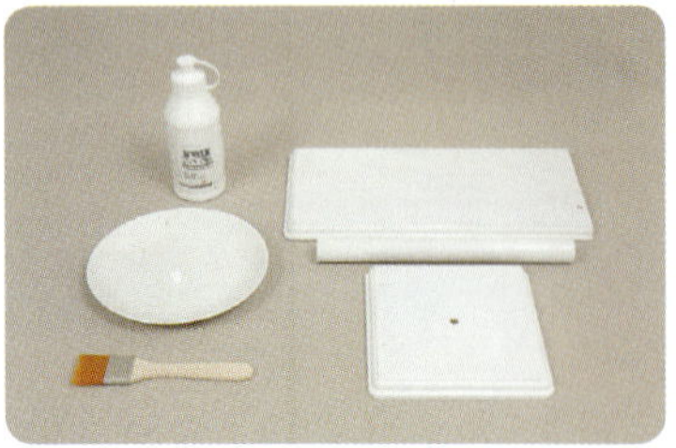

07 키친타월 걸이의 앞면과 바닥면에 바탕색으로 사용할 흰색 아크릴 물감을 준비합니다.

08 키친타월 걸이의 앞면과 바닥면에 흰색 아크릴 물감을 1～2회 칠합니다.

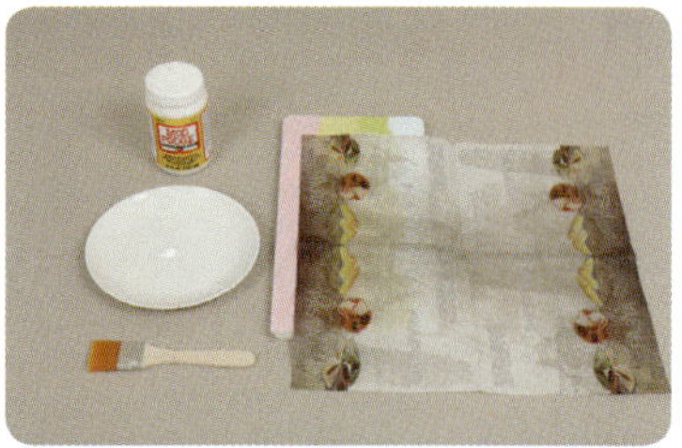

09 키친타월 걸이 뒷면에 사용할 냅킨과 냅킨 글루를 준비합니다. 냅킨은 중앙 부분을 이용하지만 오려두지 않아도 됩니다.

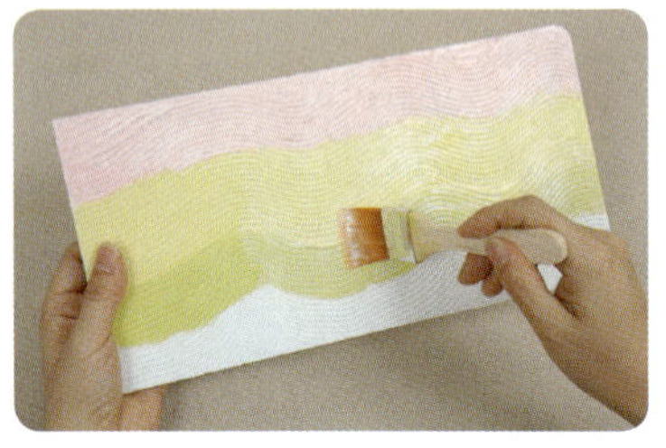

10 키친타월 걸이 뒷면에 냅킨 글루를 칠합니다.

11 냅킨을 올려 가장자리를 고정한 후, 물티슈로 냅킨 표면을 살짝살짝 눌러가며 고르게 펴서 붙입니다.

12 드라이어로 잘 말린 후, 여분의 냅킨을 사포로 긁어내어 정리합니다.

13 태우기 기법에 사용할 향과 냅킨을 준비합니다. 냅킨은 그림 크기보다 약간 여유를 두고 오려둡니다.

14 향에 불을 붙인 후, 냅킨 가장자리를 향에 태워 원하는 모양으로 다듬습니다.

15 태우기 기법을 적용한 냅킨과 냅킨 글루를 준비합니다.

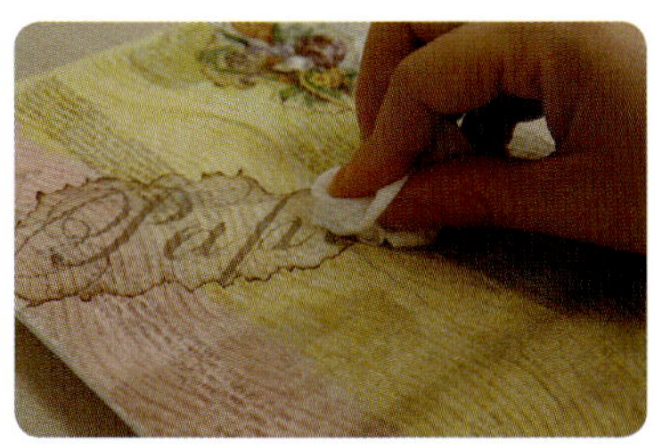

16 이미 바탕으로 사용할 냅킨을 붙여둔 키친타월 걸이 뒷면에 태우기 기법을 적용한 냅킨을 붙입니다. 이렇게 냅킨 위에 다른 냅킨을 붙여 작업하는 기법을 오버랩 기법이라고 합니다.

17 키친타월 걸이 앞면에도 태우기 기법을 적용한 냅킨을 붙입니다.

18 키친타월 걸이 바닥면에도 태우기 기법을 적용한 냅킨을 붙입니다.

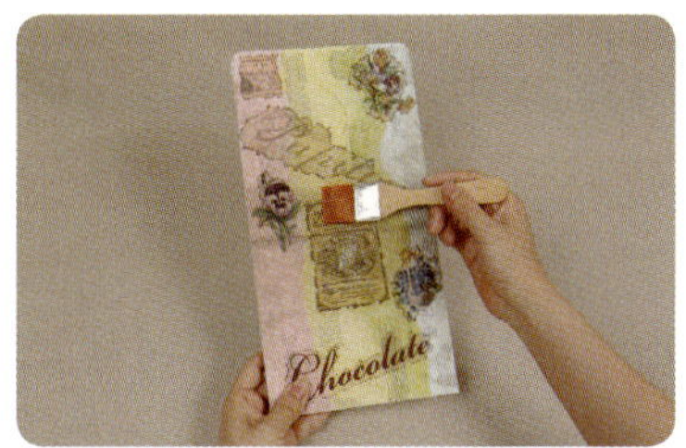

19 키친타월 걸이 앞면과 바닥면에 스파클 냅킨 글루를 붓으로 칠합니다. 스파클 냅킨 글루가 마르면 뒷면에 마감제인 그로스 바니시를 칠합니다.

20 키친타월 걸이 앞면에 마감제인 그
로스 바니시를 칠합니다.

21 키친타월 걸이 바닥면에 그로스 바니
시를 칠합니다.

22 자연 건조하거나 드라이어로 잘 말
려서 완성합니다.

추천 냅킨

Application

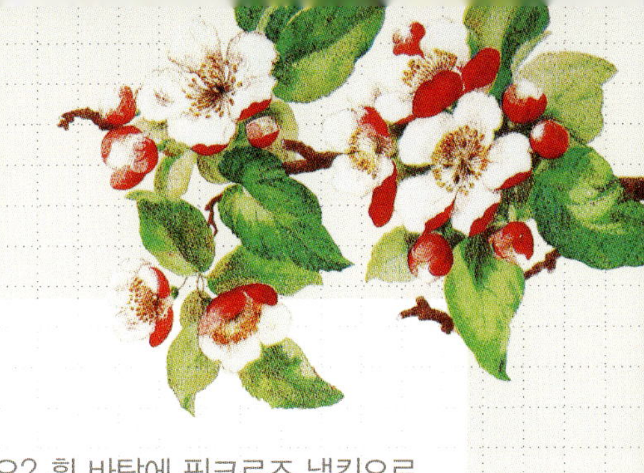

핑크로즈 모티브 냅킨꽂이

키친타월 걸이로 주방 분위기를 바꿨다면, 이제 식탁 분위기도 바꿔보면 어떨까요? 흰 바탕에 핑크로즈 냅킨으로 꾸며 아기자기하면서도 화사한 냅킨꽂이를 두면 분위기와 실용성을 한 번에 잡을 수 있습니다.

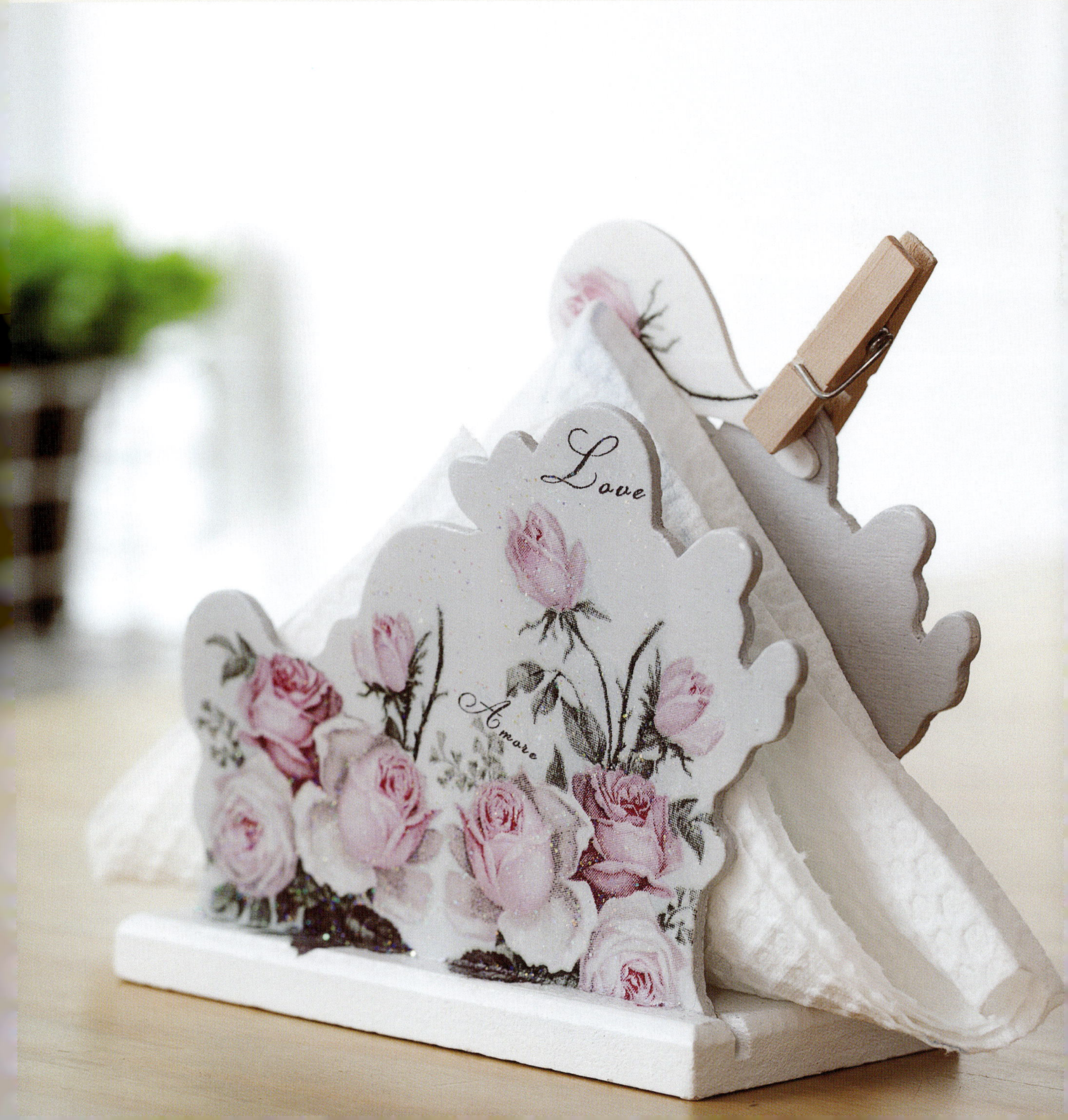

꽃다발 모티브
타원 트레이

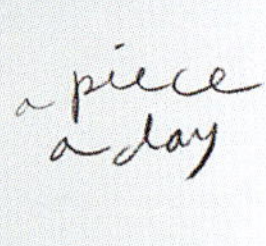

꽃다발 모티브 타원 트레이

● 난이도 ★★★
사용 기법 빈티지 기법
소요 시간 8일

우리 아이들이 화목한 가정에서 마음이 따뜻한 사람으로 자랄 수 있도록 노력하는 만큼, 우리 아이들의 반려자도 그런 사람이었으면 하는 소망이 있습니다. 아직 먼 훗날의 이야기지만 아이들이 자신의 반려자를 집에 데려왔을 때, 직접 만든 예쁜 쟁반에 향긋한 차 한 잔 내는 꿈만으로도 행복합니다. 이런 꿈을 담아 꽃다발이 가득 찬 타원 트레이를 만들어 보겠습니다.

준비물

주재료

타원 트레이(반제품), 냅킨

부재료

냅킨 글루, 모델링 페이스트, 액체 유리, 젯소, 붓, 스펀지, 그로스 바니시

물감

아크릴 물감: 흰색, 노란색, 금색, 갈색, 초록색, 녹갈색

작업 과정

01 타원 트레이 반제품에 사포 작업을 한 후, 젯소칠을 1~2회 합니다. 트레이 날개와 면의 경계에는 마스킹 테이프를 붙입니다.

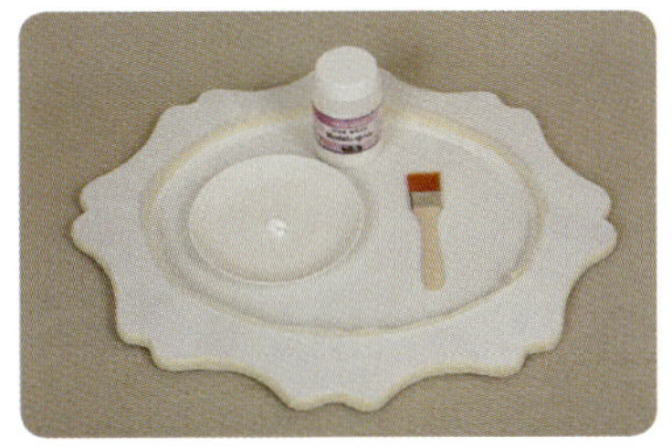

02 빈티지 기법에 사용할 모델링 페이스트를 준비합니다.

03 트레이 날개 부분에 모델링 페이스트를 바릅니다.

04 나무젓가락이나 붓대 끝으로 모델링 페이스트를 바른 면에 골뱅이 모양을 그립니다.

05 2~3일 자연 건조하여 속까지 완전히 말립니다. 골뱅이 모양 주변에 날카로운 부분을 정리합니다.

06 흰색, 노란색 아크릴 물감을 혼합해 크림색을 만들어 트레이 뒷면 전체에 1~2회 칠합니다. 트레이 뒷면의 바탕색으로 사용할 금색, 녹갈색, 흰색, 노란색, 갈색 아크릴 물감을 준비합니다.

07 붓 양끝에 노란색과 금색을 묻힙니다.

08 트레이 뒷면에 가벼운 터치로 골고루 칠합니다. 팔레트에 짜둔 물감을 번갈아 묻혀 마음에 드는 색이 나올 때까지 반복해서 칠합니다.

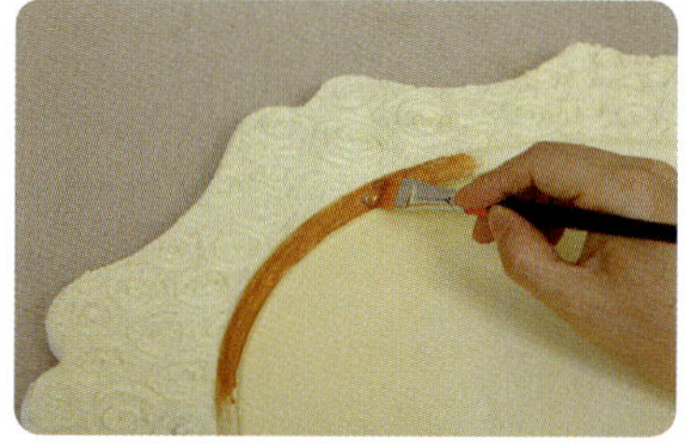

09 트레이 앞면의 바탕색으로 사용할 흰색, 노란색, 갈색 아크릴 물감을 준비합니다.

10 흰색, 노란색, 갈색 아크릴 물감을 혼합하여 크림색을 만들어 1~2회 칠합니다.

11 트레이 날개와 면의 경계의 마스킹 테이프를 제거하고, 금색을 1~2회 칠합니다.

12 트레이 날개 테두리에도 금색을 1~2 회 칠합니다.

13 트레이 날개 부분에도 금색을 1~2회 칠합니다.

14 트레이 앞면에 붙일 냅킨과 냅킨 글루를 준비합니다.

15 트레이 앞면에 냅킨 글루를 칠한 후, 냅킨을 올려 한쪽을 고정합니다.

16 물티슈로 냅킨 표면을 살짝살짝 눌러가며 고르게 펴서 붙입니다.

17 트레이 뒷면 마감제로 사용할 그로스 바니시를 준비합니다.

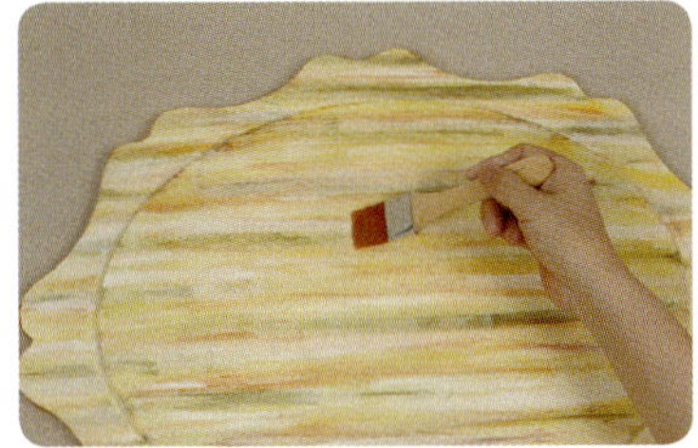

18 트레이 뒷면에 그로스 바니시를 1~2 회 칠합니다.

19 트레이 앞면에 사용할 액체 유리를 준비합니다.

20 액체 유리의 레진과 경화제를 종이 컵에 비율에 맞게 혼합한 후, 트레이 앞면에 붓습니다.

21 액체 유리가 트레이 전체에 골고루
퍼지도록 붓으로 펴바릅니다.

22 액체 유리가 잘 마르도록 4~5일 자
연 건조하여 완성합니다.

액체 유리를 올린 제품을 건조할 때, 먼지나 이물질이 들어가는 것을 방지하고 싶다면, 위아
래가 뚫린 상자 위쪽에 랩을 씌우고 건조합니다. 이렇게 하면 공기가 통할 뿐 아니라 투명해
서 건조되는 과정을 확인할 수 있으므로 먼지나 이물질 없이 깨끗하게 건조할 수 있습니다.

추천 냅킨

명화 액자 스타일 베드 트레이

데쿠파주 기법에 다양한 기법을 더해 베드 트레이를 만들었습니다. 베드 트레이는 사용할 그림이 크지만 데쿠파주 기법 순서를 잘 지키면 주름 없이 잘 붙일 수 있습니다. 그림을 붙인 후 생긴 여백은 연장 채색 기법으로 경계가 표 나지 않도록 작업하고, 앤티크 크랙 기법으로 마무리하면 명화의 분위기를 더욱 살릴 수 있습니다. 여러 기법을 사용하기 때문에 과정도 길고 시간과 노력도 많이 들지만 마친 후의 만족감도 그만큼 크답니다.

낙엽 모티브

캠핑 가족 안내판

낙엽 모티브 캠핑 가족 안내판

캠핑이 주말 여가 트렌드로 자리 잡은 지 오래죠. 이제 캠핑장 사이트마다 비슷한 텐트가 가득해서 어디가 우리 사이트 인지 헷갈리기 쉽습니다. 이럴 때 캠핑 문패를 달아두면 우리 사이트가 어딘지 헤매지 않고 쉽게 찾을 수 있습니다. 지금부터 캠핑에서 만끽할 자연의 느낌을 가득 담아 캠핑 가족 안내판을 만들어보겠습니다.

준비물

주재료

안내판(반제품), 냅킨

부재료

냅킨 글루, 스텐실 필름(가족 안내명), 우드그레이너, 향, 젯소, 붓, 스텐실 붓, 그로스 바니시

물감

아크릴 물감: 흰색, 노란색, 갈색, 검은색, 금색

작업 과정

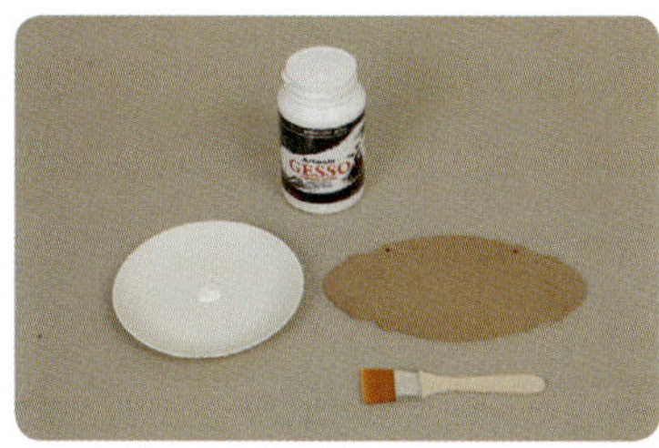

01 안내판 반제품에 사포 작업을 한 후, 젯소칠을 1~2회 합니다.

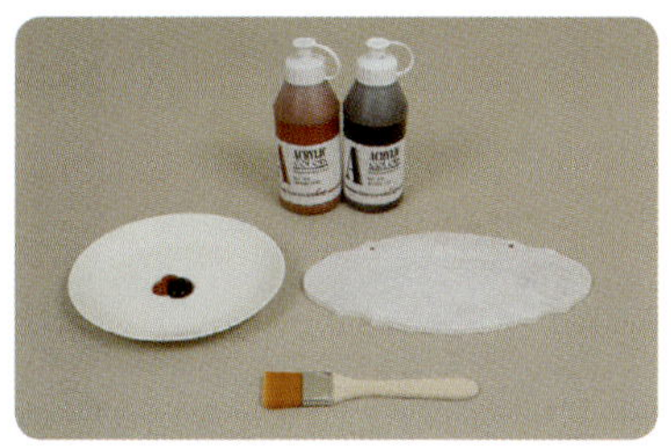

02 우드그레이너 기법에 1차 바탕색으로 사용할 갈색, 검은색 아크릴 물감을 준비합니다.

03 갈색과 검은색 아크릴 물감을 혼합하여 진갈색을 만든 후, 안내판 전체에 1~2회 칠하고 말립니다.

04 2차 바탕색으로 사용할 노란색 아크릴 물감을 준비합니다.

05 안내판 전면에 노란색 아크릴 물감을 붓으로 두껍게 칠합니다.

06 노란색 아크릴 물감을 칠한 안내판 앞면에 우드 그레이너를 대고 쓸어내립니다. 우드 그레이너의 홈에 의해 나이테 모양이 만들어집니다.

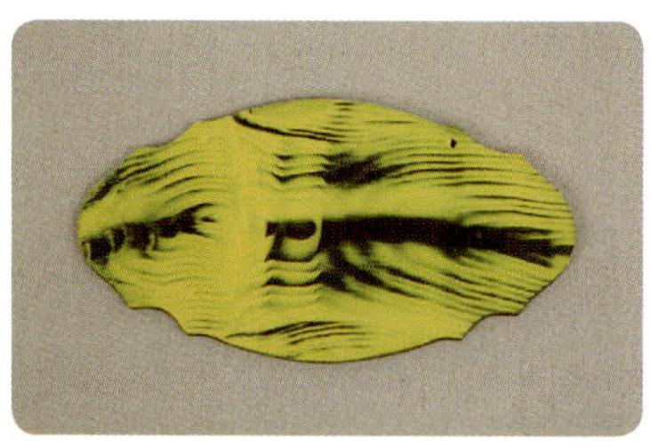

07 우드그레이너 기법으로 나이테 모양을 낸 안내판입니다. 연습을 많이 할수록 자연스러운 나이테 모양을 낼 수 있습니다.

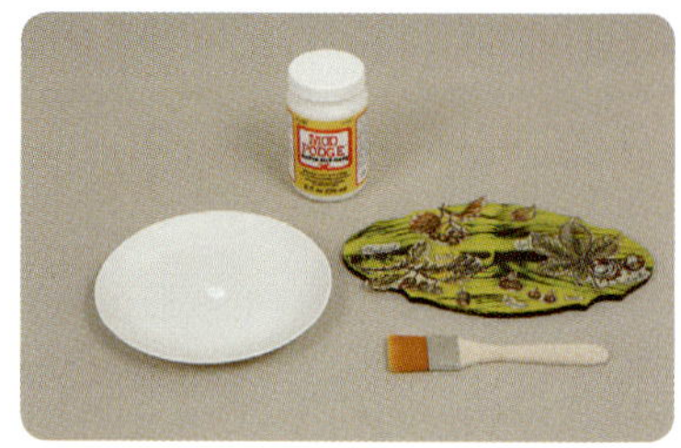

08 안내판에 붙일 모양으로 오려둔 냅킨과 냅킨 글루를 준비합니다.

09 향을 이용하여 오려둔 냅킨의 테두리를 태웁니다.

10 냅킨 글루를 칠한 후, 태우기 기법을 적용한 냅킨을 올려 한쪽을 고정합니다.

11 물티슈로 냅킨 표면을 살짝살짝 눌러가며 고르게 펴서 붙입니다.

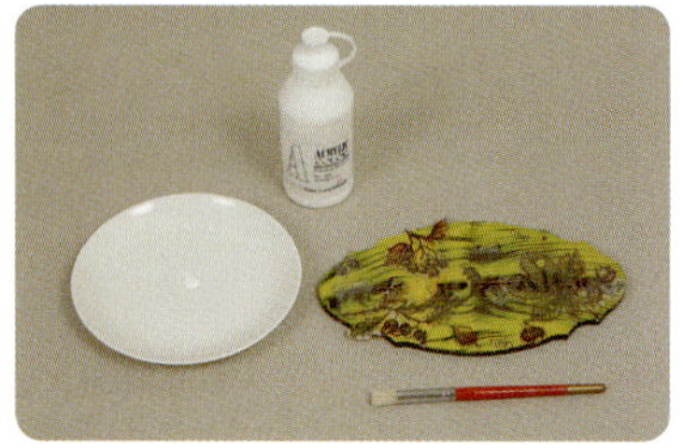

12 안내판에 안내 문구를 새길 스텐실 도구를 준비합니다.

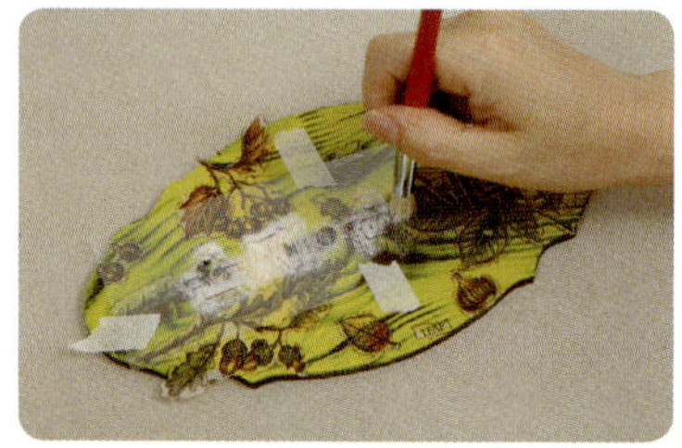

13 스텐실 필름을 안내판에 마스킹테이프로 붙여 고정합니다. 스텐실 붓에 흰색 아크릴 물감을 찍어 스텐실로 글자를 찍습니다.

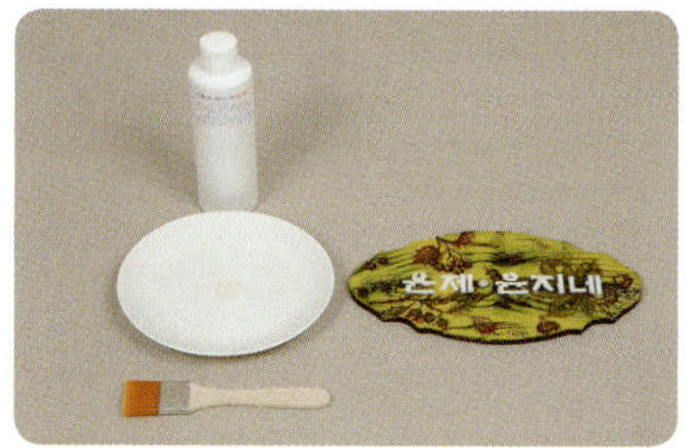

14 마감제인 그로스 바니시와 붓을 준비합니다.

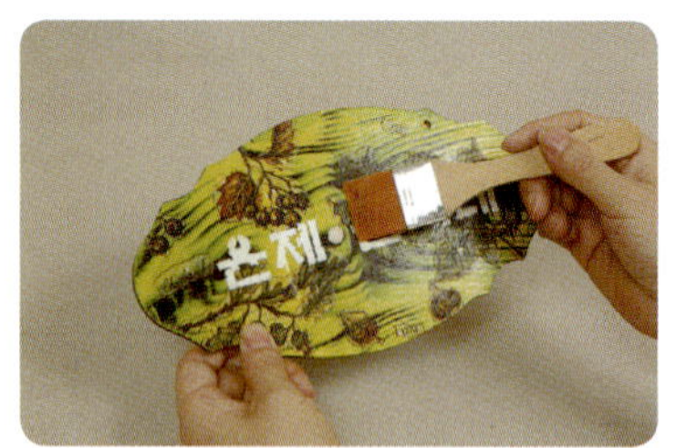

15 안내판에 그로스 바니시를 1~2회 칠합니다.

16 자연 건조하거나 드라이어로 잘 말려서 완성합니다.

스텐실 필름을 쉽게 만드는 방법

OHP 필름과 알루미늄 판, 전기 인두기를 이용하면 스텐실 필름에 쉽게 글자를 새길 수 있습니다.

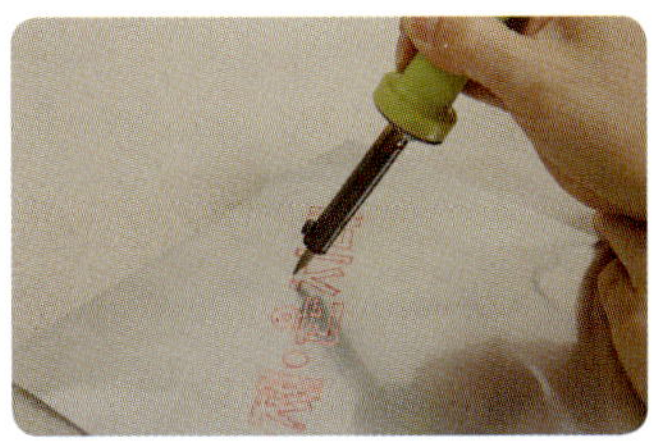 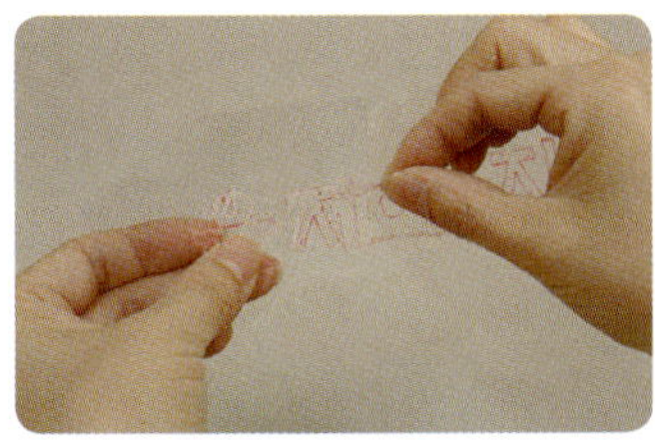 

❶ OHP 필름에 원하는 글자를 프린트하거나 손으로 그립니다. OHP 필름을 알루미늄 판에 올린 후, 잘 달군 전기 인두기를 직각이 되도록 쥔 채로 글자 라인을 따라 지나갑니다.

❷ 인두기가 지난 자리의 OHP 필름이 오려집니다. 필름의 글자를 손으로 뜯어냅니다.

❸ 스텐실에 사용할 수 있는 필름이 완성되었습니다.

추천 냅킨